Adolf Sandberger

Beiträge zur Geschichte der bayerischen Hofkapelle

Adolf Sandberger

Beiträge zur Geschichte der bayerischen Hofkapelle

ISBN/EAN: 9783743625686

Hergestellt in Europa, USA, Kanada, Australien, Japan

Cover: Foto ©ninafisch / pixelio.de

Weitere Bücher finden Sie auf **www.hansebooks.com**

Beiträge

zur

Geschichte der bayerischen Hofkapelle

unter

Orlando di Lasso.

In drei Büchern.

Erstes Buch. Mit vier Abbildungen.

Von

Dr. Adolf Sandberger,

Conservator der musikalischen Abtheilung der Königlich bayerischen Hof-
und Staatsbibliothek zu München.

Leipzig

Druck und Verlag von Breitkopf & Härtel

1894.

Herrn François Auguste Gevaert

dem ausgezeichneten Tonkünstler und Musikgelehrten

widmet diese Festgabe

zur

Feier des 300jährigen Todestages

seines großen Landsmanns

der Autor.

Vorwort.

Beiträge zur Geschichte der bayerischen Hofkapelle unter Orlando di Lasso nennen sich die Untersuchungen, die ich hiemit beginne der Öffentlichkeit zu übergeben. Zwar war ich bemüht alles erreichbare Material, sowohl was die Geschichte vor und unter dem großen niederländischen Meister als die Persönlichkeit Lasso's selbst betrifft, zusammenzubringen. Meine Arbeit aber unter dem Titel einer abgeschlossenen Geschichte der Hofmusik bis Ende des 16. Jahrhunderts oder einer gleichgearteten Biographie Meister Orlando's in die Welt zu schicken — das Material ist ja in der Hauptsache das gleiche, da auch der specielle Orlandobiograph die Entwickelung der Hofkapelle geben muss — wage ich nicht. Denn nicht nur schließt der allgemeine Stand der Musikforschung bei der Menge Factoren, die in Betracht kommen, vorläufig noch aus, dass etwas Abgeschlossenes geboten werden könnte: es scheint dies sogar für die bayerischen Verhältnisse bislang noch unmöglich. Wer nicht selbst in den fraglichen Dingen gearbeitet hat, macht sich z. B. keine Vorstellung, in welch' entlegenen Betreffen nur in einem Münchener Archiv das Material versteckt ist, wie sich oft in Akten, die einer ganz anderen Materie gewidmet sind, noch wichtige Nachrichten über unseren Gegenstand vorfinden. Andererseits wollte ich doch nicht mehr länger zaudern, Untersuchungen, die man vielleicht thatsächlich als einiges Neue zu Tage fördernd bezeichnen darf, Monat für Monat und Jahr für Jahr schlummern zu lassen.

Der Beginn der Drucklegung dieser Arbeit hat sich trotzdem noch beständig verzögert. Die Gründe hiefür lagen in den über ein halbes Jahr alle verfügbare Zeit des Verfassers in Beschlag nehmenden Arbeiten für die Wiener Musikausstellung, in gesteigerter Inanspruchnahme meiner dienstlichen Thätigkeit wie Fertigstellung einer größeren Arbeit auf anderem Gebiet, den fortlaufenden Vorbereitungen zu einer Gesammtausgabe von Lasso's Werken, wie endlich in Überarbeitung, die mir die letzten Monate nur langsam die endgültige Redaction des Manuscriptes gestattete; zunächst wird nun der dritte Theil folgen, jene Dokumente enthaltend, die sich im Text nur störend unterbringen ließen.

Der Versuch einer Geschichte der bayerischen Hofmusik in der hier behandelten Zeit scheint einbegriffen gewesen zu sein in Aretin's ungedruckt gebliebenen »Beiträgen zur Geschichte der Musik in Bayern«. Das Manuscript dieses Werkes ist leider verschollen; doch gewinnt man ein Bild von der Behandlung einzelner Gegenstände durch die einschlägigen Artikel in Lipowski's bayerischem Musiklexikon [1], dessen Verfasser Aretin sein Scriptum zur Benutzung überlassen hatte. Vereinzeltes über die Kapelle in älterer Zeit findet sich zerstreut in Westenrieder's Beiträgen (III, 83, IV, 196), Freyberg's Geschichte der Landstände (II, 398), im Oberbayerischen Archiv u. s. f. Auch Rudhart [2] theilt auf den ersten Blättern seiner Geschichte der Oper am Hofe zu München, diesem verdienstlichen, wenn auch nur theilweise zuverlässigen Buche, manches Werthvolle mit. Einen kurzen Überblick sodann über die Geschichte der Hofkapelle giebt ein in sich sehr ungleicher, im Ganzen recht magerer Artikel eines Anonymus in Nr. 96 ff. der Augsburger Postzeitung von 1864. — Wie weit Dom. Mettenleiter's Absicht, eine »Musikgeschichte Altbayerns« herauszugeben, wie er im ersten und leider einzigen Heft seiner »Registratur für die Geschichte der Musik in Bayern« (das Vorwort ist gezeichnet 1866, das Heft erschien 1868; Mettenleiter † 1868) ankündigt, in den zwei letzten Jahren seines Lebens gediehen war, ist mir nicht bekannt. — Die Notizen, die sich in anderen historischen Werken über die Hofkapelle finden, wie in Buchner's Geschichte Bayerns VII, 265 (München 1848), Sugenheim, Bayerns Kirchen- und Volkszustände S. 403 (Gießen 1842), Schreiber, W., Geschichte Wilhelms V. S. 209 (München 1860) u. s. f., resultiren natürlich nicht aus eigenen Quellenstudien der Verfasser. Vielleicht darf ich an dieser Stelle auch meines Versuches, auf der Wiener Ausstellung in einer Gruppe die Entwickelung und Blüthe der Musik am bayerischen Hofe im XV. und XVI. Jahrhundert zur Anschauung

---

[1] München 1811 bei Jacob Giel.
[2] Freising 1865, Druck und Verlag von Franz Datterer.

zu bringen, erwähnen. (Fachkatalog der Musikhistorischen Abtheilung von Deutschland und Österreich-Ungarn. Wien 1892 S. 119—131.) Leider lässt die (aus nicht zu erörternden Gründen nicht von mir herrührende) Katalogisirung die Absicht verschiedentlich nicht erkennen; so kam es No. 41 auf Ferdinand Lasso an, No. 49 (Hofzahlamtsrechnung) ist zu lesen O. de Lasso erhielt 550 fl., in 71, 72, 73, 76, 83 sollten Werke Vento's, Goßwin's, Mosto's, Gigli's hervortreten, in 81 das Madrigal Giov. Gabrieli's *Quando io ero giovinetto* u. s. f.

Im Allgemeinen sind die Nachrichten über die Kapelle verknüpft mit **Orlando di Lasso** gewidmeten **Arbeiten**.

Das Material vor Delmotte's »Biographischer Notiz« habe ich im ersten Kapitel dieser Schrift zusammenzustellen und auf seine gegenseitige Abhängigkeit zu untersuchen versucht. Delmotte's Arbeit selbst[1] ist zweifelsohne ein aus reiner Begeisterung und mit Liebe geschriebenes Werk, gewiss auch eine Leistung in Anbetracht der Zeit seiner Entstehung und grundlegend, indem durch den Bibliothekar von Lasso's Vaterstadt zuerst der Versuch gemacht wurde, das ihm Erreichbare nach Maßgabe der Mittel, die er dafür verwenden wollte oder konnte, zusammenzustellen. Man kann aber Delmotte nicht von dem Vorwurf freisprechen, dass er die ihm zu Hause zugänglichen Quellen nicht genau genug geprüft hat, auch in der musikalischen Literatur wenig beschlagen war, sodann dass er irrthümlicher Weise glaubte, sein Werk, obwohl nur Notice betitelt, völlig aus der Ferne, ohne wenigstens die Münchener Archive zu besuchen, schreiben zu können. So war er angewiesen auf das Material, das er aus der bayerischen Hauptstadt erhielt; dort war es ihm gelungen, auf diplomatischem Wege den Archivdirektor Freyberg und den Bibliothekcustos Jos. Schmidhamer, die wohl beide schon über Orlando Material gesammelt hatten, zur Übernahme der benöthigten Arbeiten veranlassen zu lassen. Diese Männer sind dem ihnen gewordenen königlichen Auftrag gewiss getreulich nachgekommen; Freyberg, der muthmaßliche Verfasser des trefflichen Artikels über Lasso im Jahrgang 1830 (Nr. 38 ff.) des »Inland« dürfte seinen Aufsatz und erweiterte Auszüge aus dem darin verwertheten Personalact Lasso geliefert haben; Schmidhamer[2] vervollständigt dieselben, consultirt Westenrieder, untersucht die Buß-

---

[1] *Notice Biographique sur Roland Delattre, Valenciennes* 1836. Dehn's Übersetzung s. umstehend.

[2] **Proske**, C., datirt Schmidhamer's Notizen über Orlando mit 1830. (*Musica divina* Annus I, Tom. 2, pag. XL.)

psalmen, sucht und findet Orlando's Grabstein wieder auf — vielleicht aber wäre Delmotte, entsprechend dem größeren Plane seiner Arbeit, an Ort und Stelle doch tiefer in die Münchener Archive gestiegen und hätte sich nicht mit dem begnügt, was gleich dem genannten Personalact in einem geschlossenen Fascikel quasi auf der Straße lag. — Im Nachfolgenden stelle ich nun die Quellen, insoweit sie die Kenntnis von Orlando's Lebenslauf nach Delmotte erheblich berühren, zusammen. Kleinere Beiträge, wie solche Fürstenau, Ambros, Vanderstraeten, La Mara, Dressel, Kade u. A. geliefert haben, finden sich jeweilig im Text benutzt und verzeichnet.

Bei einer von Delmotte's Schwächen setzt F. C. Kist's Levens-Geschiedenis van Orland de Lassus 'S Gravenhage 1841 ein; Kist hat nämlich eine größere Kenntnis der musikalischen Literatur und verwendet, soweit ich dies — des Holländischen unkundig — ersehen kann, dieselbe (Winterfeld, Kiesewetter etc.) glücklich; bei einer anderen Ad. Mathieu 1848 (*Biographie Montoise*, R. de Lattre), der die Falschmünzergeschichte Vinchant's aufklärt.

Einen Schritt weiter bedeutet Schafhäutl's Aufsatz 1851 in Nr. 342 der Allg. Zeitung; verdienstvoller als die nicht in der Originalquelle fußende Lösung seines eigentlichen Vorwurfs »Über das wahre Todesjahr Orlando di Lasso's« erscheint dabei des Verfassers beiläufig geäußerte Vermuthung, dass Vinchant nicht allzuviel Glauben zu schenken sei.

Hochschätzbares Material förderte nun Muffat zu Tage in seiner biographischen Skizze (Hormayer's Taschenbuch für vaterländische Geschichte, München bei G. Franz 1852—53, S. 244 ff.) von Lasso's Leben. Diese Arbeit ist eine neue Etappe in der Lassoforschung durch die geschickte Ausnutzung von Vorreden der gedruckten Werke, Untersuchungen in den Hofzahlamtsrechnungen und Archivalien des Stadtarchivs (eine bisher noch unbenutzte Quelle). Muffat giebt endlich auch die Fundorte seiner Notizen (»Hofkammer-Rechnungen«) an und hat somit wohl seinen Nachfolgern, zunächst J. J. Maier, den Weg gezeigt.

Dass Delmotte noch der weiteren Vervollkommnung fähig sei, hatte der Custos der Berliner Bibliothek und ausgezeichnete Contrapunktist S. W. Dehn bereits bei seiner Übersetzung der *Notice biographique*, die in Deutschland wohl allgemein statt des Originales gebraucht wird, herausgefühlt und ausgesprochen, und dementsprechend der genannten Arbeit eine Anzahl mehr und weniger werthvoller eigener Anmerkungen

beigefügt. In der Folge beschäftigte Dehn der Plan einer selbstän-
digen neuen Biographie Lasso's, von der wir zuerst **1854** erfahren
durch die Schrift Camille Wins' *»De la part que la société des sciences
du Hainaut a prise a l'érection de la statue d'Orlande de Lassus«*
Mons, Masquillier et Lamir, 1854 S. 16 u. 33 ff. Die hier gemachten
Angaben Dehn's decken sich allerdings völlig mit Schafhäutl's ge-
nanntem Aufsatz; dass aber Dehn selbständig forschte, beweist seine
Kenntnis von Massimo Trojano's *Dialoghi* und der Westenrieder'schen
Mitteilungen in extenso. Leider ist dieses trefflichen Mannes Arbeit
nicht zu Ende gediehen; nach langen Jahren **1874** und **1876** publi-
cirte Eitner das Wesentlichste aus Dehn's nachgelassenen Papieren
über den Gegenstand in den Monatsheften für Musikgeschichte VI, 107
u. VIII, 75 ff. — Auch F é t i s hat die Kenntnis von Lasso's Leben
in der 2. Auflage **1863** seiner *Biographie universelle* gefördert. Er
citirt daselbst vor Rudhart Trojano und sucht auf Grund von de Burbure's Notizen zu ermitteln, welche Antwerpener Sänger mit Lasso
nach München kamen. Wichtiges enthält sodann C a m p o r i s' Aufsatz
über die Beziehungen Lasso's (und Palestrina's) zum Haus Este in
den *Atti e Memorie delle RR. deputazioni per la storia patria* Modena
1869 S. 44 ff.

Einen hochbedeutenden Schritt vorwärts erfuhr nun aber die
Lassoforschung durch E i t n e r 's Verzeichnis von Lasso's Werken **1874**
(das seine Bibliographie der Musiksammelwerke von **1877** des Ferneren
ergänzt). Diese mit außerordentlichem Fleiß und viel Genauigkeit
gemachten Arbeiten erleichtern sowohl eine Gesammtausgabe des
Meisters als jegliche Forschung über denselben ganz außerordentlich.
Wenn auch nicht absolut vollständig, was ja nahezu eine unerfüllbare
Forderung ist, bedeutet Eitner's Lassobibliographie doch eine hochverdienstliche Arbeit. Schade, dass der Herausgeber unterlassen hat.
die Abhängigkeit der von ihm mitgetheilten Quellen untereinander
zu prüfen; das Gleiche ist bei dem beigegebenen Verzeichnis von
Lassoporträts (angelegt von Böttcher) zu bedauern.

Auch die 80er Jahre förderten allerlei neues[1] Material über

---

[1] Von den mehr oder minder gelungenen Zusammenfassungen von Bekanntem
ist weitaus an erster Stelle B ä u m k e r 's populäre Biographie Orlando's zu
nennen (Freiburg im Breisgau Herder'sche Verlagsbuchhandlung 1878), die
Arbeiten Matthieu's von 1838, von Bischoff's und F. Rh.'s (Fanny Rheinberger?)
siehe bei Eitner a. a. O. (Hiezu ist für Mathieu noch nachzutragen seine Notiz
in *Les Belges illustrés* 1844.) Außerdem wäre anzuführen R i n g , Roland de Lassé

Orlando zu Tage; 1882 die werthvollen Mittheilungen Van der Straten's
in Bd. VI seiner *La Musique aux pays-bas* (Bruxelles G. A. Van Trigt),
die Campori's Publikation ergänzen, Lasso's Kapellmeisterei in Rom
aus der Nähe betrachten u. s. f. 1887 und 1888 die Veröffentlichungen Karl Trautmann's im Münchener Jahrbuch »Italienische
Schauspieler am bayerischen Hofe« und »Vier Briefe Orlando di
Lasso's«. Mit denselben, speciell der ersteren, hat sich der Verfasser
direkt und indirekt um die Lassoforschung große Verdienste erworben
durch Zuführung neuen Materials wie der Briefe aus dem *Archivio Gonzaga*, durch tiefe und gründliche Schilderung eines Theiles des Hinter-
grundes der Lassozeit überhaupt, und durch treffliche Literaturangaben.

Der kundige Leser wird bemerkt haben, dass bislang der Mittheilungen J. J. Maier's, die derselbe in seinem eminenten Katalog
der Münchener musikalischen Handschriften (München 1879) gegeben
hat, noch nicht Erwähnung geschah. Es stellt sich nämlich nunmehr
durch F. X. Haberl's Veröffentlichungen aus Maier's († 1889) Nachlass, zusammengestellt im kirchenmusikalischen Jahrbuch (Regensburg,
herausgegeben von Fr. X. Haberl) 1891 u. 1893 heraus, dass Maier sich
weit über die dort mitgetheilten Belege [1] hinaus mit der Geschichte der
Hof-Kapelle und speciell der Erforschung von Lasso's Leben beschäftigt hatte. Denn nicht nur fand Haberl in besagtem, von ihm käuf-
lich erworbenen Nachlass weit zahlreichere Excerpte aus den Hofzahlamtsrechnungen, umfangreichere aus dem »Lasso-Personalakt«,
als bisher irgendwo veröffentlicht, sondern auch eine Abschrift der
1868 der Cimeliensammlung der Münchener Hof- und Staatsbibliothek einverleibten, außer durch einen Vortrag Aretin's in der k. b.
Akademie der Wissenschaften unbekannten Briefe Orlando's und
Anderes, das er geradezu als eine Sammlung reichen Materials zu
einer Biographie Lasso's bezeichnet. Es ist außerordentlich zu bedauern, dass der hochverdienstliche Neuschöpfer — kann man ohne
Übertreibung sagen — der großartigen musikalischen Abtheilung der
k. b. Hof- und Staatsbibliothek, der sich allein durch seine minutiöse

---

(Messager des sciences historiques .. de Belgique 1850 pag. 161), auch separat bei
Hebbelynck in Gand, mit Abbildung der Münchener Lassostatue und des Grab-
steines (letzterer besser als bei Delmotte reproducirt). Sodann Fétis, Ed., *Les
musiciens belges* (Kap. XI) Bruxelles s. a. Trautmann, Frz., Aus dem Burg-
frieden Augsburg 1886 u. s. f.

[1] Cod. 22 über Palmarts, 24 Gosswin, 76 Gigli und Morari, 96 Fossa etc.

Beschreibung bezw. Katalogisirung von Orlando's in München aufbewahrten handschriftlichen und gedruckten Werken in der Lassoforschung einen bleibenden Namen gemacht hat, nicht dazu gekommen
ist, selbst mit Früchten seiner Untersuchungen hervorzutreten. Bei
seiner fast unfehlbaren Genauigkeit hätte er zweifelsohne zum Mindesten eine ausgezeichnete Materialiensammlung zur Geschichte der
Hofkapelle der Öffentlichkeit übergeben. Ob nun Maier diese Publikation unterließ, weil ihm das Gesammelte doch nicht fertig für die
Öffentlichkeit erschien, oder ob ihn nur äußere Gründe davon zurück-
hielten und sein Material unter Haberl's Redaktion die vorliegende
Physiognomie erhielt? Ich weiß es nicht. Jedenfalls aber hatte
der Herausgeber die Pflicht, sich zu überzeugen, ob sich sein Manuscript in druckreifem Zustand befinde, indem er dasselbe mit den
Originalen collationirte; er musste sich ferner in die Materie, aus der
er die von einem Andern gesammelten Dokumente veröffentlichen
wollte, hineinarbeiten, die einschlägige Literatur kennen lernen u.
s. f. Diese Erfordernisse sind nicht erfüllt. Sowohl enthalten die
Publikationen bedenkliche Eilfertigkeiten des Herausgebers als auch
sind die Rechnungsauszüge weder vollständig noch durchweg genau
mitgetheilt, an eine diplomatisch getreue Wiedergabe gar nicht zu
denken.

Anbei einige Belege: Als Unterschrift des ersten Briefes von 1572
publicirt Haberl (a. a. O. 1891 S. 100) Orlanda(!) Lasso; aber trotz
des beigefügten ! der Redaktion heißt es im Original nur Orlando.
In den Rechnungsauszügen (a. a. O. 1893 S. 62 ff.) fehlt der Eintrag von 1558 (S. 586) »Orlando de Lassus ist bezahlt 200 fl.«; vielleicht weil der Status dieses Jahres bei Muffat publicirt ist? Schwer-
lich, denn die zahlreichen anderen von Muffat bereits gebrachten
Notizen druckt Haberl ohne diesbezüglichen Vermerk ab, von Muffat
bloß erwähnend »drei Aktenstücke im Adelsselect hat Muffat als
Beilagen IV—VII abdrucken lassen«. Im Übrigen fehlen des Weiteren
Notizen nahezu in jedem Jahr, z. B. 1564 S. 110a (des Rechnungs-
bandes), 1566 S. 136a, 1568 S. 428, 1571 S. 228, 1573 S. 105, 1574
S. 20a, 1576 S. 154a u. s. f. Unter 1579 publicirt Haberl »dem
Orlando Capellmeister per einen guldten Pecher« etc. Dieser Ein-
trag gehört nicht ins Jahr 1579, sondern steht 1581 S. 328a.
1584 nennt Haberl einen Albrecht Lasso, der 50 Gulden erhält, um
zu Ingolstadt zu studiren und wundert sich (S. 69), dass dieser
Albrecht nicht weiter zu verfolgen ist: es handelt aber die betr.

Notiz (1584 S. 444a) überhaupt nicht von einem Sohn oder Verwandten Lasso's, sondern von Albrecht, dem Sohn Caspar Pühler's.

Nach Haberl's Abdruck von Maier's Excerpten aus dem Oberbayer. Archiv Bd. 27 S. 295 ff. (1866) stehen dieselben »im *Parnassus boicus* von 1737 S. 37«. Der Herausgeber hat also weder diese letztere hochwichtige Quelle noch das Oberbayer. Archiv in der Hand gehabt. Doch darüber wollen wir nicht rechten, denn »die Redaction »beschränkt« sich auf die Akten im Adelsselect und die Hofzahlamtsrechnungen«.

Haberl bringt unter 1573 (14. Juni) eine Nachricht »dem Orlando zur Abfertigung zwaier Singer, so er mit Ime aus Italia gebracht« (dieselbe gehört unter 1574) und verweist noch in einer Anmerkung auf seine Briefauszüge 1891 S. 100, auf welcher Seite allerdings 1573 vorkommt, aber in Briefen Lasso's von München, indes auf den zwei letzten Zeilen der Seite und den folgenden die datirten Briefe der italienischen Reise von 1574 ausgezogen sind. Man nehme nun an, es benutzt Jemand diese Mittheilung: natürlich muss er schließen, dass Lasso auch 1573 eine Acquisitionsreise nach Italien gemacht habe.

Haberl verweist (1891 S. 100) auf Lasso's bereits bekannte Briefe vom 3. und 7. März wie 18. Mai 1574 »Siehe Eitner's Monatshefte 1888 S. 142«, aber an der Stelle, wo diese Briefe einsetzen, ankommend bemerkt er »Es fehlen also leider die weiteren Berichte über diese ... Reise ...«!

Zu 1597 wird erklärt »in diesem Jahre starb Herzog Wilhelm F. X. H.« — Wilhelm V., an den die 40 von Haberl excerpirten Briefe gerichtet sind, der mit Lasso's ganzer Existenz so eng verknüpft ist, dankte 1598 ab und lebte dann noch 28 Jahre, bis 1626.

Gerade eine derartige Publikation ist im Interesse der Wissenschaft zu bedauern; denn die Namen Maier's wie Haberl's selbst, dem wir ja manche Leistung verdanken — ich habe verschiedentlich im Nachfolgenden Gelegenheit, auf treffliche Arbeiten seiner Feder zu verweisen —, wie auch der archivalische Charakter des Mitgetheilten muss die Gelehrten zum Glauben verleiten, dass man es hier mit »vortrefflichem und unfehlbarem Material« (siehe Monatshefte für Musikgeschichte 1893 S. 16) zur Biographie Lasso's zu thun habe.

Es erübrigt mir noch für die mannigfache Unterstützung, die mir bei Vorbereitung meiner Arbeit zu Theil geworden ist, meinen Dank auszusprechen. Vor allem schulde ich denselben der Direktion des k. Reichsarchivs und der k. Hof- und Staatsbibliothek, welche mir ermöglichten, eine Reihe von Archivalien in der Hof- und Staatsbibliothek benutzen zu dürfen, deren Einsicht mir durch die gleichzeitigen Amtsstunden beider Institute unmöglich gewesen wäre. Freundlichst haben mich sodann unterstützt die Herren Archivsekretäre Löher und Dr. Huggenberger im k. Reichs- und Kreis-Archiv, Herren Geh.-Sekretäre Dr. Leist im k. Hausarchiv, Dr. Jochner im k. Staatsarchiv, Herr Archivrath v. Destouches im Stadtarchiv zu München, die Herren Kreisarchivare Dr. Petz in Nürnberg, Göbl in Würzburg, Herr Stadtarchivar Dr. Buff in Augsburg, Hofrath Dr. Zingeler in Sigmaringen, die k. Archivdirektion zu Stuttgart, die k. Universitätsbibliothek Königsberg, die Direktion des k. Erziehungsinstituts in München, Herr Pfarrer Fürst in Schöngeising, Herr Conservator Hauser in München, Lossow in Schleißheim, Herr Oberbibliothekar Dr. v. Heinemann in Wolfenbüttel, Herr Custos Dr. Kopfermann in Berlin, meine verehrten Freunde Herr Prof. Dr. Kretzschmar und Herr Dr. Vogel in Leipzig, Herr Domkapellmeister S. Gallotti in Mailand.

Besonderen Dank schulde ich Herrn Mantuani in Wien, der die Wiener Archive auf Lassomaterialien zu durchforschen die Gefälligkeit hatte, dem unermüdlich zuvorkommenden Herrn Dr. M. Mayr am k. k. Statthalterei-Archiv zu Innsbruck, meinen lieben Freunden L. de Casembroot, Bibliothekar des Conservatoriums in Brüssel, Regimentsauditeur Dr. Mayr in Bamberg, Silvio Lazzari in Paris, Eduard Wolfanger in München, der in liebenswürdigster Weise die verschiedenen photographischen Erst-Aufnahmen bewerkstelligte.

Eine Anzahl werthvollster Winke verdanke ich in erster Linie Herrn Dr. Trautmann, dem intimen Kenner der einschlägigen archivalischen Bestände; desgleichen einige unserem vaterländischen Geschichtsschreiber Herrn Oberbibliothekar Dr. Riezler und Herrn Custos Dr. Hartmann. Schließlich danke ich auch öffentlich meinem lieben Freunde Hans Schmid, dem ausgezeichneten Baritonisten, der mir da und dort aufs Förderlichste an die Hand ging; dem Andenken eines Mannes mit großen, nahezu unbekannten Verdiensten um Lasso, Fr. Filitz', dessen nachgelassene ausgedehnte Sammlung größtentheils selbstgefertigter Partituren zu Werken Lasso's (nunmehr Besitz der k. bayerischen Hof- und Staatsbibliothek) ich reichlich benutzte, endlich fühle ich mich hoch verpflichtet. Hoffentlich gestatten es mir die Verhältnisse in nicht zu ferner Zeit an anderer Stelle in dieser Sache ausführlicher das Wort zu ergreifen.

Ambach am Starnberger See, 19. August 1893.

Adolf Sandberger.

Inhalt des ersten Buches.

(Vorgeschichte.)

— —.

Mit vier Abbildungen.

I. Kapitel.

Hof-Musik der Wittelsbacher bis zum Eintreffen Orlando di Lasso's in München 1556.

Für die Geschichte der Musik am bayerischen Hofe vor 1550 fließen die Quellen bis jetzt leider recht spärlich. Die Hofzahlamtsrechnungen im kgl. Kreisarchive München, durch ihre Quatembersold - Einträge das Gerippe und die Grundlage für die Kenntnis der musikalischen Verhältnisse in Gestalt von unbezweifelbarer Darlegung des Personalbestandes, durch Rubriken wie »Zerungen« der Anhaltspunkt für Beziehungen bayerischer Musiker zu fremden Höfen etc., wie »Verehrungen« der fremden Musiker zu unseren Fürsten, anderer wichtigster Nachrichten nicht zu gedenken — diese eminent werthvollen Dokumente beginnen erst mit dem Jahre 1551 und sprechen leider in den ersten Jahren auch nicht in der wünschenswerth ununterbrochenen Folge. Von den Künstlern, deren Personalakten im gleichen Archiv aufbewahrt werden, ist Kapellmeister Daser der Älteste. Nach anderen Dokumenten aus dem 15. und der ersten Hälfte des 16. Jahrhunderts ist in den Münchener und fremden Archiven von Anderen und mir bis jetzt nur mit einigem Erfolg geforscht worden [1].

Dass schon frühe am wittelsbacher beziehungsweise den wittelsbacher Höfen musicirt wurde, ist bekannt [2]. Nach dem Zeugnis Zarlino's [3] besaß München eine der ersten und größten Orgeln in Deutschland. Auf die Pflege eines mehr oder weniger entwickelten Musiklebens im 15. Jahrhundert weisen verschiedene Notizen, die auf unsere Tage gekommen sind, aber auch schon im 14. Jahrhundert [4] ist Musikübung nachweisbar.

Vom Straubinger Hofe Albrechts II. erfahren wir aus dem Jahre

---

[1] Ludwig Senfl's Name z. B. fand ich trotz eifriger Recherchen im Innsbrucker kk. Statthaltereiarchiv nirgend einmal nur erwähnt.

[2] Rudhart, Geschichte der Oper am Hofe zu München, Freising 1865, S. 1.

[3] *Supplimenti musicali Venez.* 1588 S. 290 *»il quale nel suo genere e di quella grandezza, è il più antico d'alcun altro, che si trovi non solo in quella prouincia, ma forse in qual si voglia parte del mondo«.*

[4] Auf die noch früheren Bethätigungen musikalischen Lebens, Kirchenlied, Minnegesang etc., liegt nicht in unserer Absicht hier einzugehen. Vergl. darüber Holland, H., Geschichte der altdeutschen Dichtkunst in Bayern, Regensburg 1862.

1392 allerlei Ausgaben für musikalische Dinge, die der Land-
schreiber Walfhart seinem »gnüdigen jungen Herrn« (Albrecht II. war
Mitregent seines Vaters 1389—1397) auf die Rechnung gesetzt hat[1].
Der junge Fürst hatte nicht nur eigene Musikanten in ständigem
Sold, nämlich die »Pfeiffer« liebel, Haider, vllein, den »Pauker«
Chuntz und die »Posauner« Perchtold und Liebel, sondern sein
Hof war auch fleißig besucht von den »fahrenden Leuten« und
Musikanten anderer hoher Herren. So entwerfen uns die kurzen
Angaben des Landschreibers[2] ein Bild von der Musikübung Ende des

---

[1] Freyberg, Sammlung historischer Schriften und Urkunden, Stuttgart und
Tübingen 1828 Bd. II, S. 85 ff.

[2] z. B. »liebel dem Pfeiffer vnd seinen gesellen di sy heten vortrunkchen
nach dem Tantz vnd si meinem Herrn gehovirt heten 18 Pfg. — Liebel dem Pfeiffer
vnd seinen gesellen desuahts vnd mein Herre frelich was zum Jacobe mit den
frawen zu Trinkgelt ‹ Pfg. — Jaklein von Lanndaw geben darumb man den Paukker
ausgezogen und gelost hat V Pfd. — Perchtolden dem Pusauner geben, den hat
maister Hanns geworffen auf ein fus, das er nicht wol gen mocht, zu Zerung 60 Pfg.
— Des von Wirtzburg knecht fidler vnd mit einem portatif gelost aus der
Herwerg, von Mertel dem kramer 3 Schl. 9 ab facit. 54 Pfg. — Item an Pfintztag
vor dem Suntag Palmarum Hennsel dem Pfeiffer in den Sichkobl geben 1 Pfd. —
Dem Pauker vnd Ullein dem Pfeiffer der beden desselben tuchs 16 ellen. — Das
Sumergewant (13)90 zu machen vnd für meines Herrn Pfeiffer den liebel Haider .
vllein, den Perchtolder vnd liebel den Pusawner — an freitag nach Valentini des
Messenhauser Pfeiffer geben 1 Pfd. — an Mittwochen vor Invocavit einen des von
Salzburg pfeiffer geben 1 guldein. — am Samptztag vor dem Palmtag Hannsel dem
Pfeiffer Markgraue Hess vnd Markgrauen Johannsen pfeiffer geben 1 Pfd. — an
Montag nach dem Sonntag Jubilate des von Wirttenberg Pfeiffern geben 1 Pfd. —
an Suntag vor Ascensionis domini des Bischof von Chostnitz fidler geben 3 Schl.
— Eodem die (Montag vor Margerete, zwain fidlern des Bischof von Prag knecht
geben 60 Pfg. — In die viti Pöndel des lantgrauen fidler der meinen Herrn was
gesannt von dem von Otting geben 1 Pfd. — an Pfintztag nach Alexi Liendel
weilannt des Romischen kunig singer geben 1 Pfd. — an Montag nach laurenten
des Romischen kunigsbruder lauttenslaher geben 60 Pfg. — Eodem die einen
lantvarer mit einem jungen knaben einen lauttenslaher geben 30 Pfg. — an Pfintztag vor Exaltationi sancte Crucis Hertzog Johannsen des Romischen kunigs Bruder
fidler dem Chuntzen geben 1 Pfd. — Eodem die dem Rappel Hertzog Stephans
fidler und seinen gesellen geben 1 Pfd. — Eodem die (Ruperti) drein Win-
dischen pfeiffern geben 60 Pfg. — Eodem die Mittwoch vor Michaelis Görgen des
Torringer knecht mit einer fidlen geben 60 Pfg. — In die Michaelis zwain fidlern
Hertzogen Heinrich von Brnwswinkh knecht geben VI Schl. — Item an Pfintztag
nach Circumcisionis domini Petern dem Argler (Orgler) des von Wirtzburg knecht
geben 3 Schl. Pfg. — an freitag vor Conuersionis sancti Pauli Vtzn Hertzogn
friederich Pfeiffer 1 Pfd. — an Pfintztag darnach Hertzogen Johannsen
Pfeiffer geben 3 guldein. — an freitag nach Leonhardi Chuntzen dem Paukker
geben das im mein Herre hat geschaft zu Zerung zu den genaden gein München,
die er auf sich entlehnt dofür der lantschreiber Porg werde 1 Pfd. Pfg. — Item
liebel dem Pusawner kaufft ein pferd von dem Huppslein von Lanndaw 3 Pfd. Pfg.
— Vergl. dazu Holland a. a. O. S. 561.

14. Jahrhunderts überhaupt. Wir begegnen am Straubinger Hof den Vertretern nahezu aller zeitgenössischer Instrumente, des Portativs, der Fiedel, der Laute, der Pauke, der Posaune wie einem »Singer«. Unter den unten genannten anderen Brodherren aber befinden sich auch die Wittelsbacher Herzoge Stephan und Johann, die (seit 1376) gemeinsamen Regenten von Oberbayern, von deren Pfeifer, Fiedler und seinen Gesellen wir somit Kunde erhalten, und Friedrich, der Regent von Niederbayern-Landshut, der den Pfeifer Vtz in seinem Sold hatte.

Im nämlichen Jahre aus dem unsere Rechnung datirt, 1392, findet am 19. November die Landestheilung von Oberbayern und Niederbayern-Landshut statt[1]; aus der neuen Hauptstadt Ingolstadt bilden zunächst Stephan's (III.; der Kneißel) Fiedler und seine Gesellen die ersten und letzten musikalischen Nachrichten bis zum Erlöschen der Linie.

Zeiten und Charaktere wie die Ludwigs VII. und seines buckligen Sohnes sind auch wenig der Tonkunst günstig. Außerdem kommt Straubing schon seit 1429 durch die Vertheilung an Ingolstadt, Landshut und München nicht mehr in Betracht. In Landshut und München aber finden wir Anknüpfung an die musikalischen Überlieferungen in den mittelbaren und unmittelbaren Regierungsnachfolgern dieser Fürsten. Man wird freilich irre gehen, wenn man Trompeter, Posauner und Pauker als Beweise ausgesprochener Kunstliebe betrachtet. Sie gehören zum Apparat des Hofstaats, dienlich für Aufzüge, Feste und Tänze. Anders ist es zum Theil mit den Pfeifern und Fiedlern, noch mehr mit Lautenspielern, Organisten und Singern. Diese verdankten ihren Aufenthalt an den Höfen nicht bloß dem Bedürfnis des Prunkes — in der früheren Zeit wenigstens — oder allein der Kirche, so sehr es auch hauptsächlichste Aufgabe der Kunst war der letzteren zu dienen, sondern auch der Freude an der Musik[2].

Dieses vorausgeschickt ist auch an dem glänzenden Hofe zu Landshut Ludwigs des Reichen (1450—79) und Georgs des Reichen (1479—1503) nicht viel musikalisches Leben nachweisbar. Ludwig ist zwar als Dichter eines Liedes bekannt, das mitsammt der drei-

---

[1] Riezler, S., Geschichte Bayerns Bd. III, Gotha 1889, dessen Angaben wir auch die Kenntnis einiger der im Nachfolgenden benutzten Quellen verdanken.

[2] Freilich in späteren Tagen auch der Mode. Burckhardt citirt in seiner Cultur der Renaissance (4. Aufl. Leipzig 1885) II, 13 Matarazzo's Ausspruch »Zu der Pracht eines Herrn gehören Pferde, Hunde, Maulthiere, Sperber und andere Vögel, Hofnarren, Sänger und fremde Thiere« — alles Dinge, denen wir früher oder später auch in Bayern begegnen.

stimmigen Composition uns in dem kostbaren Hartmann Schedel'schen
Liederbuch der Münchener Hof- und Staatsbibliothek erhalten ist[1];
es liegt demnach, da letzteres in den sechsziger Jahren des Jahrhunderts größtentheils niedergeschrieben wurde, die Annahme nahe,
es möchte die Composition am Landshuter Hofe entstanden und dort
von herzoglichen Sängern fleißig gesungen worden sein. Wir erfahren aber bei einer Gelegenheit, wo es gleich Reichstagen und
anderen Fürstenzusammenkünften gegolten hätte, mit den Musikern
Ehre einzulegen, bei der Hochzeit Georgs des Reichen 1475[2], dass
Ludwig wohl die üblichen Pfeifer und Posauner hat, die auch mit
den Reisigen des Fürsten die Braut zu Wittenberg abholen, ohne
der Trompeter und Pauker zu gedenken; bei der Hochzeit aber be-
sorgen den Gesang »des (Erzbischofs) von Salzburg Singer vnd sein
organist«[3]. Auch spielte die Musik, im Gegensatz zu ähnlichen Gelegenheiten im 16. Jahrhundert, nach Seybolt's ausführlicher Beschreibung
des fraglichen Festes keine bedeutende Rolle. Zwar hatte auch der
Markgraf Albrecht von Baden zwei Lautenschläger mitgebracht und
ist die Rede von des Kaisers Trompetern und »andren Spielleuten«,
ihrer Thätigkeit aber wird nicht besonders gedacht, im Gegensatz
zu den vereinigten Trompetern und Pfeifern der fürstlichen Herrn,
welche: »der kunigin pliesen vnd pfyffen aus irer Herberg in dy
kirchen, vnd von der kirchen wieder in ir Herberg vor bey den
hundertt Trumetter vnd pfeifer, das gab in der kirchen ein solch
gedön, das einer nicht wol sein aigen wort hören mocht«.
So ist zwar nicht ausgeschlossen, dass Ludwig der Reiche
den Componisten seines Liedes nicht doch am Hofe bei sich hatte,
aber es scheint immerhin nicht recht wahrscheinlich; eher weisen die
Spuren nach München, denn auch von Meister Paumann befindet
sich ein 3 stimmiges, freilich viel kunstreiferes Stück »Wiblich figur«
in unserer Handschrift.

Auch Herzog Georg scheint sich noch keine »Cantorey«

---

[1] Mus. Mss. 3232 fol. 36. Am Schlusse » *Hoc composuit dux ludwicus bauariae*«
Maier, die musikal. Handschriften der kgl. Hof- und Staatsbibliothek München
1879 S. 126. Das Lied ist textlich und musikalisch — so gut es gieng in Partitur
gebracht — abgedruckt in Eitner, Das deutsche Lied des XV. u. XVI. Jahrhunderts, Berlin 1880, Bd. 2, S. 13 (Text) u. 53 (Partitur); die Entstehung des
Stückes wenigstens lässt sich beiläufig datiren, nachdem man den Dichter kennt
(Eitner ebenda S. 5/6.).

[2] Beschrieben von (dem Klosterschreiber von Höchstädt a. D.) Seybolt in
Westenrieder, Beyträge zur vaterl. Historie Bd. 2, S. 105 ff. Riezler a. a. O.
S. 445 ff.

[3] Westenrieder S. 136. Vergl. dazu Peregrinus, Geschichte der Salzburger
Dom-Sängerknaben, Salzburg 1889, S. 30.

gehalten zu haben, denn bei seinem Leichenbegängnis 1503 finden wir
keine Singer sondern nur Choralisten mit der » Besingnus« beschäftigt [1].
Dagegen hatte er einige »Sackpfeifer« im Dienst. Dieselben spielten
1486 am Stuttgarter Hofe [2]. Sodann machen wir die Bekanntschaft
einer von ihm wie es scheint außerordentlich geschätzten Sängerin (?),
der *Greitula*, *musica Norica*, durch ein Epigramm Conrad Celtes',
des berühmten Humanisten an Georg's Universität Ingolstadt, in dem
all' der herrlichen Geschenke gedacht wird, welche der Fürst der
Künstlerin zugedeihen lässt [3]:

> »*Disparibus fatis nos, Greitula, sidera ducunt,*
> *Dissimili princeps nos vel amore colit . . .*
> *Vis dicam, cur tot tribuat tibi munera princeps,*
> *Non tantum vocem diligit ille tuam.*«

Conrad Celtes hat bekanntlich wichtigere Verdienste um die
Musik, als die Übermittelung des Ruhmes der Greitula auf unsere
Tage. Die Früchte seiner Anregungen treten zwar erst 1507 mit
dem Öglin'schen Druck der componirten horazischen Oden zu Tage.
Da aber allem·Anscheine nach die Entstehung der fraglichen Dokumente in die Zeit seiner zusammenhängenden Ingolstädter Lehr-
thätigkeit 1494—97 fällt [4], ist es billig, dass wir die folgends verzeichneten in der Musikgeschichte höchst wichtigen Erscheinungen
im Zusammenhange mit Georg dem Reichen behandeln, wenn
Letzterem gleich keinerlei spezielleres Verdienst an diesen Vorgängen
an seiner Universität zukommen mag.

Es ist merkwürdig, wie gegenüber der, man gestatte den Ausdruck, horizontalen Musik-Empfindungsweise der Niederländer etwa
zur gleichen Zeit und ohne nachweisbaren gegenseitigen Zusammenhang
in Deutschland und Italien die »verticale« Empfindungsweise an
den Tag tritt. Es ist merkwürdig und für die Psyche beider Völker
symptomatisch, dass sich dieselbe in Italien lediglich aus dem gesunden
Sinn eines naiv empfindenden Volkes heraus vollzieht, — die Ge-
burt der Frottole — in Deutschland dagegen sich vollzieht selbst-

---

[1] Westenrieder, a. a. O., II, 226. Gleich der Hochzeitsbeschreibung nach
Cod. bav. 1955 der Münchener Hof- und Staatsbibliothek.
[2] Sittard, J., Zur Geschichte der Musik und des Theaters am Württemberger
Hofe. Stuttgart 1890, S. 3.
[3] Celtes, Fünf Bücher Epigramme, herausgeg. von Hartfelder, Berlin 1881,
S. 56. Riezler. a. a. O., S. 864. Musikalisches Interesse haben auch Celtes' Epi-
gramme II, 67 *de Anna citharoeda Germana* und II, 90 *Epitaphium cantoris musici.*
[4] Vergl. hiezu den vortrefflichen Aufsatz von Liliencron, Die horazischen
Metren in deutschen Kompositionen des 16. Jahrhunderts. Vierteljahrsschr. f.
Musikwissenschft. 1887, S. 26 ff.

redend auch nur ermöglicht durch Ursprünglichkeit der Empfindung, aber mit geburtshilflicher Assistenz des Mannes der Wissenschaft, des Gelehrten — Conrad Celtes.

An der Ingolstädter Universität spielte die Musik bald die ihr überhaupt von der Bildung der Zeit zugewiesene Rolle[1]. Nunmehr geht von Ingolstadt das zweite Verdienst aus, das sich die Deutschen damals um ihre Kunst erwarben. Das erste ist die Gestaltung der Melodie bei der, kraft der ihr eigenthümlichen Innerlichkeit, die deutsche Seele in von den Niederländern nicht erreichtes Schwingen geräth. Das zweite Verdienst ist die auf Celtes' Anregung erfolgte Wiedererfindung, wie die Humanisten glaubten, des deklamatorischen Rhythmus, indem auf horazische Oden nicht contrapunktisch (horizontal) sondern genau nach dem antiken Zeitmaß wie man es damals erkannte, in akkordlichen Säulen (vertical) Musik deklamirt wurde. Welche Durchbrechung mittelalterlicher Fesseln diese bewusst und consequent auftretende radicale Abweichung von der zeitüblichen Factur des mehrstimmigen Liedes bedeutet, braucht wohl nicht näher ausgeführt zu werden.

Tritonius heißt der Tonsetzer, ein Schüler Celtes' in den humanistischen Studien, aber sonst wohl Musiker von Beruf, der in seinen *Melopoie sive harmoniae super . . . XII genera carminum*, erschienen zu Augsburg bei Öglin 1507 in zwei verschiedenen Ausgaben[2], seines Lehrers Anregungen musikalisch realisirt. Über Tritonius wissen wir leider nichts, als dass er, ein geborener Tyroler, sich der Anerkennung Heinrich Isaak's erfreute[3]. Zu Celtes' Zeit war er wohl in Ingolstadt, Spuren weisen sodann nach Augsburg. Dort aber wie in Innsbruck habe ich vergeblich nach Dokumenten über ihn gesucht. Liliencron theilt in Partitur 19 Odenlieder seiner Composition, sodann Hofheimer's und Senfl's mit.

---

[1] Die erste Ingolstädter Doktor-Promotion 1473 geht zwar unter Teilnahme Ludwigs des Reichen und unter Tafelmusik seiner Trompeter vor sich, in den ältesten Statuten der Artisten-Facultät 1472 ist aber Musik für Erlangung des Baccalaureats noch nicht obligat; dagegen enthalten die wenige Jahre später neuredigirten Statuten 1478 unter den *publicae lectiones* für die Baccalaureen die »Musica Myris« (Muris). 1526 sind 5 Lehrgebiete obligat, darunter als drittes das »Organon«. — Prantl, Geschichte der Ludwig-Maximilians-Universität, München 1872, Bd. I, S. 33, 59. In der die Gesammtausgabe von Aventin's Werken einleitenden Lebensbeschreibung findet sich die unbegreifliche Stelle ». . ein Anderer hielt es für nothwendig (in Ingolstadt) über die *speculativa musica Joannis de Muris* seine Zuhörer zu unterrichten. Zu diesen und ähnlichen Thorheiten . . . .« (!!!)

[2] Dieselben besitzt auch die Münchener Hof- und Staatsbibliothek. Liliencron, a. a. O., S. 27.

[3] Vorrede des Minervius zu Senfl's *Varia carminum genera*. Nürnberg 1534, S. 4a.

Sichere Beweise ausgesprochener Kunstliebe begegnen wir bei den München er Wittelsbachern, jedenfalls seit Albrecht III. und Herzog Sigmund.

An die Fiedler und Pfeifer der Herzoge Stephan und Johann knüpfen wir an mit einer vielleicht kunstfreundlichen That, ausgeführt von des Letzteren Sohn, Herzog Ernst (1397—1438), dem bekannten grausamen Wahrer seiner verletzt geglaubten Familienehre und gefährdeten politischen Zukunftspläne gegenüber der unglücklichen Agnes Bernauer. Oefele berichtet von diesem Fürsten[1] »A. 1433 datum München am Suntag nach Jacobi spricht Herzog Ernst Erharden Smid gesessen zum Peyssenperg aller Stewr frey, umb sein Klugheit die er an im hat mit Orgeln zumachen und andern klugen Dingen.«

Dann erzählt uns Lipowski[2] über den Gemütszustand von Ernst's Sohn, Albrecht III. (1435—1460), nachdem letzterer von der Ertränkung seiner Gemahlin Kunde erhalten hatte. »Er tobte, rasete, und der Sturm seiner Seele war schrecklich. Durch die sanften harmonischen Töne der Musik fand er sich aber wieder selbst, die Verwirrung seiner Ideen schwand, und die schwarze Melankolie, die auf ihm so schwer lag, die ihn beinahe darnieder drückte, veränderte sich endlich in eine etwas sanftere Schwermuth« — indem er auf diese Weise seine Quelle[3] »Herzog Albrecht der Kunstraichist maister von der Musica fand dardurch sein Verstand, den er verloren hätt, da man das Weib vertränkt« wiedergibt. Ob Albrecht's Natur wirklich so tief angelegt war, beschäftigt uns hier nicht[4]; Kunstliebe und Kunstübung wird diesem Fürsten aber auch anderweitig bestätigt. In Prag, am Hofe seiner Tante, des böhmischen Königs und Kaisers Wenzel Gattin, hatte er auch Unterricht in der Musik erhalten; in seinen alten Tagen »sepositis caeteris curis sectatus *Musicam assiduis cantibus ac sonis animum oblectavit*«[5]. Auch Aventin gedenkt in der Zueignung seiner *Musicae rudimenta* an Herzog Ernst (1516), auf die wir weiter zu sprechen kommen, der Musikliebe Albrecht's III. (»*Albertum avum*«; und Herzog Sigmund's); Arnpeckh sagt von ihm »*multum dilexit artem musicam, quae et ipse non mediocriter*

[1] *Rerum Boicarum Scriptores* II, S. 318 *excerpta ex* T. VI *Privilegiorum, Acta Principis illius continente.*

[2] Agnes Bernauerin. München 1800, S. 40.

[3] Ebenda S. 75 *Genealogia Ducum Bavariae.*

[4] Vergl. hiezu Riezler, a. a. O., S. 323.

[5] Oefele, a. a. O., II, 513. — Pii II Pon. M. [Enea Silvio Piccolomini] *Asiae Evropaeque elegantiss. descriptio* 1531 S. 411. — Riezler, a. a. O., S. 361.

imbutus erat«[1] und endlich nennt ihn der Prior Veit von Ebersberg[2] in seiner bayerischen Chronik *musicae artis amator.*

Dass sich diese Kunstliebe auf Albrecht's III. zweiten Sohn, den Erbauer der Frauenkirche, fortpflanzte, haben wir soeben schon von Aventin erfahren. Es heißt nun von Herzog Sigmund »Er hett al beg gut Cantoreß vnnd Singer bej Im«[3]. Mit dieser Thatsache stehen wir vor den, soweit bis jetzt nachweisbar, frühesten Anfängen der herzoglich bayerischen Cantorei.

Wer waren diese Singer[4] und was sangen sie? Vergeblich fahndet man nach einem Verzeichnis von Herzog Sigmund's Hofstaat, das die Namen seiner Musiker enthielte. In der im kgl. Reichsarchiv (Fürstensachen II. Spec. Lit. C. Fasc. XXIV. Nr. 252) aufbewahrten »Hofhalts-Ordnung der Söhne Albrecht III. Sigmund, Albrecht, Christoph und Wolfgang nach dem Ableben ihres Vaters 1460« sind nur Trompeter erwähnt: »von erst, Ist vnnser Rath, das vnnser gnäd. Herr Herzog Sigmund haben soll . . . Item iii Trumett(er) . . . »Diese Sänger aber kennen zu lernen, wäre von höchstem Interesse und würde wohl zu mancher Composition der Zeit Anhaltspunkte schaffen. Jedenfalls ist anzunehmen, dass es Deutsche und keine Niederländer waren. An Orten, wo sich die Letzteren im End-Drittel des 15. Jahrhunderts und früher in den Kapellen festsetzten, wie in Neapel und Rom, sind sie auch lange geblieben; das erste uns zugängliche Verzeichnis der vollständigen Münchener Hofmusik aber, aus dem letzten Regierungsjahr Wilhelm's IV., zeigt nur deutsche Namen, wie gleichzeitig überwiegend in Dresden, Wien u. s. f. Zudem war ja in dieser Periode die Ausländerei an den Fürstensitzen noch nicht im Schwang. — Zur Feststellung des Repertoirs aber dürfen wir wohl zweifelsohne uns des Schedel'schen Liederbuchs erinnern; ob aber nicht auch die Weisen Adams von Fulda und Heinrich Isaaks, der 1575 schon großen Ruf hatte, oder vielleicht der niederländischen Meister Binchois und Du Fay aus dem romantischen »Grunwalder Gepew« über die rauschende Isar hinübertönten — das ist bis auf Weiteres eine offene Frage[5].

---

[1] Chron. Bajor. L. V. c. 70. S. 441.
[2] Oefele, a. a. O., II, 729.
[3] Cod. germ. 2817 Bl. 401 der Münchener Hof- und Staatsbibliothek »Im waß wol mit schönen frawen . . ., auch mit singen vnd saytenspil, Er hett etc.« Deutsche Übers. und Fortsetzung von Ampeck's *Chronicon Baioariae.* Riezler, a. a. O., S. 897, Anm. 4.
[4] Auffällig ist die Benennung des Chronisten »Cantores und Singer«; will er damit verschiedene Manieren andeuten?
[5] Sigmund residirte in Dachau, Mentzing, Neuhofen und Grunwald, letzteres Schloss trat er später (1557) seinem Bruder bei dessen Hochzeit ab, cf. Cod. germ. 2817 der Münchener Hof- und Staatsbibliothek S. 401 a.

Albrecht IV. (1467—1508), Sigmund's jüngerer Bruder, dem Letzterer willig die Regierung abgetreten hatte, um seinen mehr und weniger ästhetischen Liebhabereien zu leben, ist als Brodherr eines Altmeisters deutscher musikalischer Kunst, Conrad Paumann's nachgewiesen. Es ist aber sehr wahrscheinlich, dass schon Albrecht III. oder Sigmund (letzterer regierte 1560—63 mit Johann IV., 1563—65 allein) den Meister von Nürnberg an den Münchener Hof berief[1]. Dass Albrecht IV. Interesse an der Tonkunst nahm, wenn auch Aventin seiner im obenerwähnten Einleitebrief der Rudimenta nicht gedenkt, erhellt nicht nur aus seinen Beziehungen zu Paumann. Wir finden bei ihm einen Nachfolger des Letzteren, den Organisten »Meister Paul« und »Schreiber, so in der kirchen singen« in ständigem Sold, außerdem kehren mancherlei musikalische Gesellen, Lautenschläger und Harfner, außer den stereotypen Trompetern und den über ihren Namen hinaus vielseitigen Pfeifern an seinem Hofe ein.

Dies erhellt aus nachfolgenden Notizen des kgl. Reichsarchivs: »Herzg Albrechts deß vierten alte Hofstaatt, gleich vor lr. Frl. Gnade hochsellig zue gedenkhen zeutlich ableuben . . .«[2] (also 1508)

Item	lucasn trumet(er) Jars	xxiiij gld. kr.
»	Hanns Stympfl tr(umeter)	xxvj gld.
»	Wolfganngen kolhacch »	xx gld. kr.
»	Jorgen Stümpfl »	xvj gld. kr.
»	Peter »	x gld. kr.
»	Junng Hanns »	xxiiij gld. kr.
»	Mathesen »	vj gld. kr.
»	Bernnharten »	xxiiij kr.
»	Krawat Paugker	xvj gld. kr.

S. 11a Orgenijsst
Item Maister Paulsn Orgennisst Jars xxiiij gld. kr.

Ferner: »Newe Ordnung des Hofhaltens durch vnnsern genedigen Herrn Hertzog Wilhelmen fürgenomen 1512 . . .«[3]

. . . Item mit den supp(e)n Zemorgens Zegeben sol es gehalten werden, wie bej Weylennd vnnserm gn. Hertzog albrechten seligen . . . den Trumetern, auch den schreibern, so in der kirchen

[1] Riezler, a. a. O., S. 647 vermuthet Albrecht III.
[2] Fürstensachen II Spec. Lit. C. Fasc. XXVII Nr. 323, mitgetheilt ohne Quellenangabe in Westenrieder's histor. Calender für 1801 S. 241. Aus früheren Jahren nennt Silbernagel, Albrecht IV. München 1857 S. 105, Meister Konrad(?), Lautenschlager mit 10 fl. rh; Wolfgang, Trompeter, mit 24 fl. rh. Jacob, Trompeter, mit 16 fl. rh. Veit und Egid. Trompeter, mit 12 fl. rh.
[3] Im gleichen Fascicel.

singen, doch allein So sy auf den fürsten mit dem ambt warten, desgleich(en) so man aus der cantzlej darnach schickt. . . .

Endlich überliefert uns Westenrieder[1] treffliches Material in Gestalt einer Rechnung des fürstlichen Kammerschreibers von 1468, wie folgt:

»Item was ich ausgebn hab hoffierern vnd spileutten hernach geschriben. Herzog Sigmund von össterreich pfeiff' an sunbentag schuef im mein gn. her Summa iiii gld. rh. Mer hertzog Sigmund von össtereich trumette' vn paugke' schueff in mein gn. her an simbentag Suma iiii gld. rh. Item pette' des von rechperg pfeiffer an pfinztag vo' sand vlrichtag ii gld. rh. Item des von guettenstain trumette 'an pfinztag vor sand vlrich tag i gld. rh. Item Herzog albrecht von sachsen trumette im mein gn. her geschaft an eritag vor sand iörgen tag iii gld. rh. Item ainem lautenschlacher mit ainem weib die wol singen kund schueff im mein gn. her an eritag nach sand larenzen tag Summa i gld. rh. Item des Königs von vngern pfeiffern an kotem freitag vor michely v gld. rh. Item des kaisers pfeiffer schuef in meins hern genad an sand mathevs tag iii gld. rh. mer des kaisers zbain pfeiffe' an suntag vor sand kolmans tag Suma ii gld. rh. It. meins gn. hern trumettr wolfgang iacob gilg vn veit zu opffe'gelt in gebe an sand pauls bekerung Summa iiii gld. rh. Item ainem harpffe' im mein gn. her geschafft an freitag vo' sand pauls bekerung Suma i gld. rh. Item ausgebn des von pilsen trumette' an sambstag vo' vnsse' frauen v'kundung Suma ii gld. rh. It. dem tämerlin vnd ainem Lauttenschlacher des pfallentzgrauen in fuettermaister gebn nach meins gn. hern geschaft ich scharffzand fuetermaister wider zalt an eritag nach suntag letare in der vastn ii gld. rh. Summa alles ausgebn der frömder Hern Hoffierern vnd spielleut als hievon geschribn stet tut 34 gld. rh.«

Conrad Paumann ist in der bayerischen Musikgeschichte der erste Künstler, über dessen Lebensumstände wir einiges und zuverlässiges Material, für dessen künstlerische Beurtheilung wir wenigstens eine Anzahl seiner mit seinem Namen zu seinen Lebzeiten bezeichneten Compositionen haben.

Es ist das Verdienst des Nürnberger Gymnasialrektors G. W. K. Lochner, gegenüber den vagen Angaben der Lexika über Meister Konrad auf die alten Quellen zurückgegangen zu sein. Was Hans Schnepperer, genannt Rosenplüt, in seinem Spruch von Nürnberg über ihn sagt, eine sehr interessante, weil über Paumann's Jugend Nachricht gebende Urkunde des Nürnberger Stadt (?)-Archivs, sodann

---

[1] Beiträge zur vaterl. Historie Bd. V, S. 212.

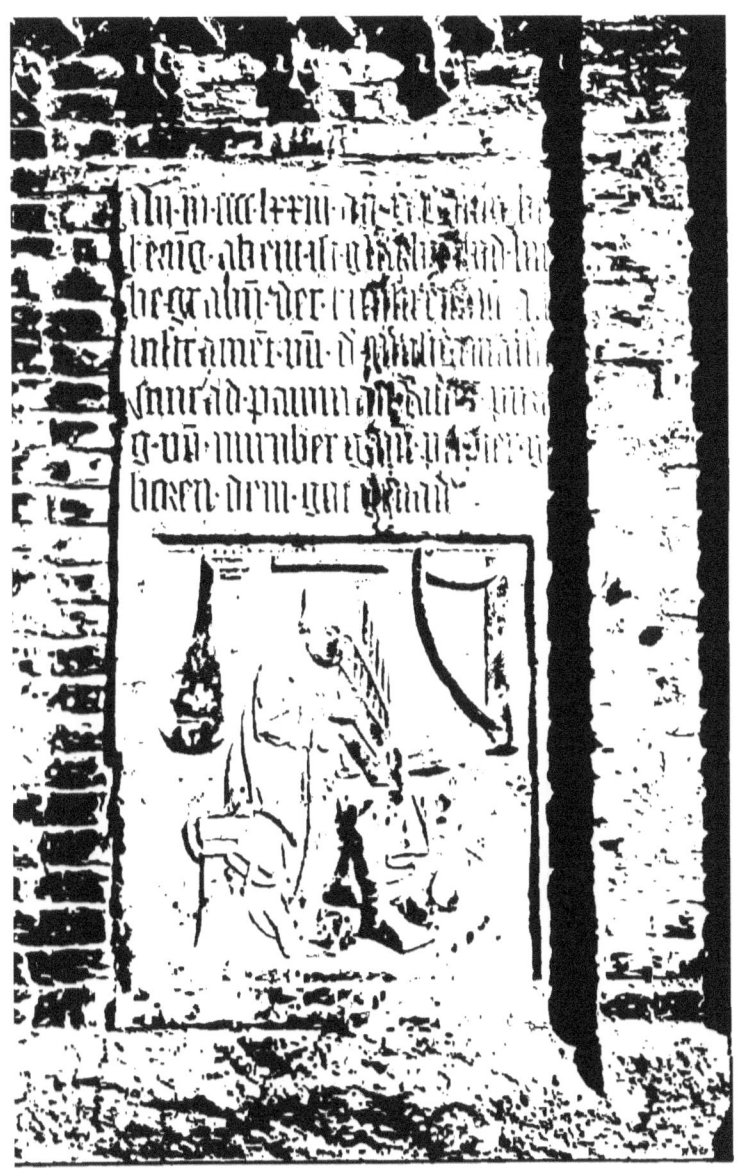

Grabstein C. Paumann's an der Frauenkirche zu München.

die in Canisius niedergelegten Daten hat Lochner zuerst[1] der Öffentlichkeit übermittelt. Arnold, dem einzig man bisher das Verdienst
an Aufhellung des Paumann'schen Lebens zuschrieb, hat diese Quellen
nur der Musikgeschichte zugeführt und beigefügt, was Virdung und
Agricola über den blinden Meister berichten. Seine Mittheilungen —
natürlich wollen wir dem trefflichen Verfasser der Untersuchungen
über das Lochheimer Liederbuch und die *Ars organisandi* von seinem
sonstigen Verdienst nichts rauben — wurden dann mittlerweile noch
weiter ergänzt durch solche Mettenleiter's über Paumann's Spiel zu
Regensburg 1572, durch Canal wie des Ferneren Bertolotti über des
Künstlers Schicksale in Italien, so dass sich nunmehr das Lebensbild desselben folgendermaßen gestaltet:[2]

Conrad Paumann ist blind geboren zu Nürnberg[3] um 1410[4].
Die Patrizier Vlrich Grundherr und dessen Sohn Paul nahmen sich
des Knaben liebevoll an und ließen ihn erziehen. Im Jahre 1446
war Paumann Organist von St. Sebald unter dem Pfarrer Heinrich
Laubing; er heirathete im gleichen Jahre Margarethe Weichser,
damals schon ein so geschätzter Künstler, dass man ihn für immer

---

[1] Auf Oefele Scriptores hatte bereits 1811 Lipowski in seinem bayer. Musiklexikon verwiesen. Oefele selbst ergänzt die kurze Nachricht der Staindl'schen
Chronik durch Auszug auf einer Handschrift »*columen, in quod nescioquis . . .
plurima, historiam maxime Ratisponensem spectantia . . . coarcercavit . . .*«, die er
nicht näher bezeichnet. Dieselbe agnosticirt sich indes als Cod. lat. 167 der
Münchener Hof- und Staatsbibliothek, woselbst sich S. 296|97 der ausgezogene
Passus findet.

[2] Im k. Reichsarchiv findet sich Fürstensach. II Spec. Lit. C. Fasc. XXVI
Nr. 301 unter »Hofstaat Albrecht IV. 1505« ein der Schrift nach ohne allen Zweifel
weit früheres Verzeichnis »Vermerckt ein ordnung die mein gnadiger Hr. Hertzog
Albrecht an seiner gnaden hof Ime genomen hat«. Nach diesem Dokument, das
die Kostgelder bestimmt, erhalten 4 »Trumetter« zu Pferd ihre Beträge, sodann
»Vermerckt die hernach geschriben person on pferd« . . Item Maister Conradt
iii person :d. h. für drei Personen). Da hierunter höchst wahrscheinlich Paumann
gemeint ist, war seine materielle Lage geradezu glänzend, bei dem ohnehin hohen
Gehalte, den er bezog. Berufe sind leider in dem weiteren Verzeichnis nicht bezeichnet; es enthält aber den nicht ungewöhnlichen Namen »Paumgartner«, wobei
immerhin an den Componisten des Buxheimer Orgelbuchs gedacht werden mag.

[3] Grabstein des Künstlers an der Frauenkirche zu München (Arnold schreibt
irrthümlich Nürnberg). Von den verschiedenen Mittheilungen der Grabschrift giebt
die richtigste Wilhelm Tappert, Monatshefte f. M. XIX, S. 110, doch ist auch diese
nicht völlig getreu. Wie unsere Abbildung 1 zeigt, ist die Jahrzahl gothisch, nicht
lateinisch; es heißt pauls (statt Paulj), conrad; auch ist »genad« Verbum, und nicht
wie T. will Substantivum mit sc. »geben möge«. Nach einer Photographie ist es
allerdings leichter, die richtige Lesung herzustellen, auch ist der Stein vor nicht
allzulanger Zeit restaurirt worden.

[4] Arnold schließt dies mit Recht aus dem Datum von Paumann's Hochzeit
und Rosenplüt's Spruch.

an Nürnberg fesseln wollte[1], und im folgenden Jahre Rosenplüt in
seinem Lobspruch auf Nürnberg Meister Conrads als der einzigen
Person im ganzen Spruch namentlich gedenkt[2]. 1570 befindet sich
Paumann vermuthlich schon längere Zeit[3] im Dienst Herzog
Albrecht's IV. von Bayern; mit großer Mühe[4] wird er in den ersten
Wochen genannten Jahres zu einem mehrmonatlichen Besuch bei
seines Brodherrn Schwester, der Markgräfin Margarete von Mantua,
beredet. Hier erregt sein Spiel auf jeder Art Instrumenten derartiges Aufsehen, dass sich der Herzog Galeazzo Maria Sforza[5] wie
wiederholt König Ferdinand von Aragonien[6] bemühen, den Wunder-
mann an ihren Hof zu bekommen. Am Jacobstage (25. Juli) 1471
führt Albrecht IV.[7] seinen Diener zu Regensburg dem Kaiser
Friedrich und den anwesenden Fürsten im Schottenkloster als Orgelspieler vor[8].

Paumann starb am 24. Januar[9] 1473 zu München und liegt an
der dortigen Frauenkirche begraben. Er bezog bei Albrecht den
Sold von 60 fl. rheinisch und wurde, wie sich aus dem Voraus-
gehenden wohl erklärt, von Kaiser und Fürsten hochgeehrt, die ihn
von ihren Höfen im eigenen Wagen zurückbringen ließen, unge-
rechnet zahlreicher Geschenke, die er erhielt, so vom Herzog von
Mantua ein golddurchwirktes Gewand, ein Schwert mit goldenem
Gehäng und eine goldene Kette, vom Herzog von Ferrara einen

---

[1] Dies Alles aus der Urkunde des Nürnberger Stadtarchivs.

[2] Rosenplüt, H., genannt Schnepperer, der Spruch von Nürnberg, Vers 255 ff.
Ausgabe von G. W. K. Lochner, Nürnberg, Campe & Sohn, 1854.

[3] Dies geht aus den im Folgenden aufzuweisenden Daten hervor.

[4] Canal, Pietro, *Della Musica in Mantova in Memorie del R. Istituto
Veneto di Scienze, Lettere ed Arti* XXI S. 659 ff. (Die Buchausgabe ist mir nicht
zugänglich) Brief Luigi's III. Gonzaga (Schwiegervaters der Margarete von Bayern)
era stata in maggior difficoltà del mondo a poterlo condurre anche fino a Mantova
an Gal. Mar. Sforza vom 11. März 1470. Die von Canal und Bertolotti publizirten
Archivalien befinden sich im *Archivio storico Gonzaga* zu Mantua.

[5] Brief desselben an Markgraf Luigi datirt Pavia 5. März 1470.

[6] Bertolotti, A., *Musici alla Corte dei Gonzaga in Mantova*. Milano, s. a.
S. 8 u. 9. Die Briefe König Ferdinand's an Markgraf Ludwig, datirt Neapel
20. Mai und 6. Juli 1470.

[7] Albrecht IV. hatte damals seinen Bruder Christoph verhaften und in einem
Thurm der Neuen Veste einsperren lassen; er scheint Paumann mit als Hebel für
seine politischen Zwecke angesetzt zu haben. Siehe hiezu Riezler, a. a. O., S. 484 ff.

[8] Mettenleiter, D., Musikgeschichte der Stadt Regensburg, S. 202.

[9] Die Grabschrift allein schlösse auch die Deutung nicht aus, dass Paumann
am Abend von St. Pauls Bekehrung, d. h. den 25. Januar gestorben sei. Die
Chron. Salisb. in Canisius' Thesaurus Bd. 3, pars 2. S. 493 sagt aber auch *in
die Sancti Timothei Apostoli*, d. h. am 24. Januar.

golddurchwirkten Mantel und Anderes[1]. Auch wurde er in Italien
in den Ritterstand erhoben[2].
Paumann's Ehe war nachweisbar mindestens ein Sohn entsprossen.
Von Charakter war der Meister, in Italien wenigstens trat es zu Tage
und ist ja auch Blinden eigenthümlich, schüchtern und misstrauisch;
aber auch sich seines größeren Könnens gegenüber Andern bewusst[3].
Der Schwerpunkt seiner künstlerischen Thätigkeit liegt mehr in
der Virtuosität der Composition wie der Ausführung. Dies geht
hervor aus seiner *ars organisandi* (1452) und den mit seinem Namen
bezeichneten Stücken des Buxheimer Orgelbuchs[4]. Doch beweist
die *ars organisandi* wie das dreistimmige Lied »Weiblich figur« im
Hartmann Schedel'schen Liederbuch[5] auch, dass er nicht mit Un-
recht als Contrapunktist gerühmt wird. — Seine Hände meisterten
nahezu alle zeitgenössischen Instrumente, die Orgel, Harfe, Laute,
Kleingeige, Trompete, Flöte[6]. Er ist ein Meister im Extemporiren[7]
und gilt als der Erfinder der Lautentabulatur[8]. Seinen Schülern
war er ein aufmerksamer Lehrer und hinterließ deshalb viele ausgezeichnete Musiker, die seine Ausbildung genossen hatten[9]. Welchen
Eindruck er auf die Zeitgenossen gemacht haben muss, ersieht man
daraus, dass nach 5 Jahren der König von Aragonien einen dritten
Versuch machte den Künstler zu gewinnen (1475), nicht wissend,
dass derselbe schon seit zwei Jahren in der Münchener Erde
schlummerte[10].

---

[1] Cod. lat. 167 der Münchener Hof- und Staatsbibliothek S. 297, mitgetheilt
von Oefele, a. a. O., II, 539 Anm.. übersetzt von Arnold »das Lochheimer Liederbuch« etc. in Chrysander's Jahrbüchern für musik. Wissenschaft II, (1867) S. 74.

[2] Canisius an derselben Stelle.

[3] Ludwig's III. Gonzaga Brief vom 11. März 1470 bei Canal, a. a. O.

[4] Mus. Mss. 3725 der Münchener Hof- und Staatsbibliothek, herausgegeben
von Eitner, Beilage zu den Monatsh. f. Musikgeschichte 1888.

[5] S. fol. 25a.

[6] Vergl. die Abbildung (die Instrumente sind: Portativ, Laute, Flöte, Harfe,
Kleingeige) und Cod. lat. 167, woselbst »in organis, Lutina, cithara, fidella, ac
fistula, tibijs ac buccina« genannt sind. Arnold, S. 78, und vergl. hiezu Tappert,
a. a. O., S. 110.

[7] Rosenplüt's Spruch Vers 276 »das tregt er als in seinem memoria« (und die
vorhergehenden Verse). Arnold deutet die Stelle: »da er seinem trefflichen Gedächtnis sämmtliche Weisen des Kirchengesangs eingeprägt hatte«, es heißt aber
doch wohl mehr.

[8] Virdung, S., Musica getuscht Basel 1511 Blatt 39a. Agricola, M.,
Musica Instrumentalis deudsch Blatt 29a Ausgabe von 1532 (cf. Arnold S. 73,
Anm.) mit der bekannten boshaften Bemerkung, dass man den Lautenisten die
Blindheit ihres ersten Lehrmeisters anmerke.

[9] Cod. lat. 167.

[10] Brief König Ferdinand's datirt Neapel 25. Juli 1475 bei Bertolotti, a. a. O., S. 9.

Von Paumann's Tod 1473 bis zu Senfl's nachweislichem Aufenthalt in München 1526 ist ein gutes Stück Weg; in dieser Zeit hatte die deutsche Musik einen herrlichen Aufschwung genommen, die Entwicklung erlebt, die sich in den Namen Heinrich Finck, Thomas Stoltzer, Heinrich Isaak, Sixtus Dietrich u. s. f. ausspricht. Dass München diese Entwickelung unter Albrecht IV., Wilhelm IV. und dessen Bruder Ludwig für sich mitmachte und nicht bis zum Eintreffen Senfl's auf der Stufe des Schedel'schen Liederbuchs stehen blieb, um dann in jähem Sprunge auf die wonnige Höhe des Senfl'schen Liedes zu gelangen, darüber ist natürlich kein Wort zu verlieren. Mussten doch nur z. B. Tritonius' Odengesänge mit Anderem, das Oeglin in den ersten Jahren des neuen Jahrhunderts druckte, in München bekannt werden. — Ein bedeutender Name aber tritt uns als Träger der Weiterentwicklung in diesen Jahren in München nicht entgegen, wie überhaupt musikalische Mittheilungen der fraglichen Zeit nur spärlich da und dort durchsickern.

Zu letzteren zählt eine Stelle in der Landschreiberei-Rechnung des Herzogs von Württemberg »Item uff Mittwoch nach Kiliani hat Peter, Herzog Albrechts von München Pfeifer selb dritt, meinen gnädigen Herrn heimgesucht ...«[1]; sodann die Reisebeschreibung venetianischer Gesandter[2] von 1492, welche auf einem Spaziergang durch München am 17. August dieses Jahres eine Werkstätte besuchten, in der man Saiten für die Lauten machte »so man auf einer Mühle spinnt wie Draht« — eine Industrie, welche die zahlreiche Schülerschaft Paumann's bestätigt.

Von Nachfolgern der Singer Herzog Sigmund's aber begegnen wir bis auf Senfl's Zeiten in diesen 50 Jahren den schon erwähnten »Schreibern«, aber nur einer einzigen direkt Singer bezw. »Cantor« benannten Persönlichkeit, nämlich Nicolaus Faber aus Bozen, am bayerischen Hof.

Dieser Mann wird uns vorgestellt durch ein in Musik gesetztes Epigramm *Crede mihi melius nihil est quam musica quae te efficiet et doctum magnificumque virum*, das er der Sitte der Zeit entsprechend Aventin's *Musicae Rudimenta*, Augsburg 1516 voransetzte. Componirt ist dieser Spruch scheinbar als Canon und steht mit den Worten »*Nicolaus Faber Vuolzanus illustrissimi Principis Arionisti*[3] *etriusque Boiariae*

---

[1] Sittard, T., Geschichte der Musik am württemb. Hofe S. 2.

[2] Nach einer Handschrift der Marcusbibliothek, mitgetheilt von H. Simonsfeld in den Münchener neuesten Nachrichten Abendblatt 30. December 1892.

[3] Herzog Ernst, der spätere Bischof von Passau, Administrator von Salzburg etc., geboren 1500 (also damals 16 Jahre alt), war begleitet von seinem Hofmeister Aventin seit Dec. 1515 Schüler der Universität Ingolstadt. Er ist der jüngste Bruder Wilhelm's IV.

Cantor et a Sacris. Ad lectorem« unter einem Holzschnitt, darstellend den Herzog, wie er ein Buch entgegengenommen hat, das ihm
von einer von vier Männern und einem Knaben gefolgten Person
übergeben wurde.

Nun besteht über die *Musicae rudimenta* die Ansicht, das Werk
sei gar nicht von Aventin, sondern eben von unserem Nicolaus Faber
selbst verfasst und der Holzschnitt stelle denselben dar, wie er gefolgt von seinen Collegen dem Herzog sein Work übergebe[1]; wir
hätten somit eine Cantorei von 5 Singern und einem Knaben als
Musiker des jungen Herzogs Ernst, 1516.

Faber's behauptete Autorschaft ist aber mit glaubhaften Gründen
im Abdruck der *Musicae rudimenta* in der Gesammtausgabe von Aventin's Werken widerlegt[2], und auf der Abbildung können ebensogut
andere Freunde Aventin's, Gelehrte oder Hofleute gemeint sein.
Des »bayerischen Herodot« musikalisches Werk hier des Näheren
zu behandeln ist nicht der Platz. Der Autor schwört zur Fahne
Gafurius', von dem er sagt: »*unus rem ipsam tenet atque erudite
explicat*«; seine Zwecke sind rein didaktisch: »*haec habui, quae de
musica scriberem, et quae pro ingeniorum puerorum institutione sufficere
mihi videbantur*«[3].

Es sei hier auch noch eines weiteren im Herzogthum Bayern
erschienenen theoretischen Werks erwähnt: Simon de Quercu's Opus-
culum Musices, von dem zwei Auflagen 1516 und 1518 in Landshut
herausgekommen sind. Ob dieselben aber mit einheimischen musikalischen Bedürfnissen oder nur der Übersiedelung des Druckers
Johann Weyssenburger (— er druckte die vorhergehende Auflage 1513
in Nürnberg —) zusammenhängen, ist nicht zu sagen. (Aus dem
alten Besitz der herzogl. Hofbibliothek herrührend, befindet sich
auch eine theilweise Abschrift des Werkes auf der Münchener kgl.
Hof- und Staatsbibliothek Cod. 275.)

Als Singer, wie schon erwähnt, fungirten also in den ersten
Regierungsjahren Wilhelm's IV. wie zuvor unter Herzog Albrecht IV.
»Schreiber«. Diese Entwickelungsstufe der Cantorei erscheint uns

---

[1] »Nikolaus Faber«, Monatshefte für Musikgesch. I, 19ff. Der Herzog wird
daselbst für Wilhelm IV. erklärt.
[2] Bd. I, S. 181. »Für Faber könnte nur das Titelblatt sprechen« etc. — Die
Redaction des in extenso abgedruckten Werkchens besorgte für die Aventinausgabe
der treffliche geistliche Rath Schlecht († 1891) in Eichstädt.
[3] Vergl. hiezu die Stelle in seiner bayer. Chronik (verfasst 1519—21). München 1622 Buch I S. 210 »Musica ist von dem rechten grund vnd eygenschafft der
Gesäng vnd zusammen lautung davon alle Stimmen herkommen was nach den
Reimen und Versen gemacht wird Ist keine Kunst da man weniger von weiß doch
gar nichts in den hohen Schulen ist alle verloren worden ...«

heute merkwürdig genug, hat aber ihr Analogon anderwärts, wie
z. B. am württembergischen Hofe, wo die Cantoreiknaben entweder
der Theologie oder »Schreiberei« überwiesen wurden[1]. Es existirt
nun eine Hofstaats-Ordnung der Herzoge Wilhelm und Ludwig von
1514, welche die Namen der herzoglichen Canzleischreiber enthält[2],
außerdem die Trompeter und sonstigen Musiker, nämlich:

Cantzl(ei)schreiber
> Her walthauser stapff
> anoferus scheijtt
> Hanns Rüelanntt
> Hanns stockhamer
> peter scheller
> mathias jan[3]

trometter
> Hanns stumpff
> jorg stumpf
> Hanns leyrer
> pauls trumetter
> peter
> Matheus

hab(e)n alle iij pfärt.

> lucas hat sunst sein beschaid
> Wolfgangs sun
> peters vetter
> sigmund schuster
> trumelschlager
> Lautenschlacher
> jörig pfeiffer
> Geiger

In Stumpf und Leyrer agnostiziren wir die Namen von hoch in
die Lassozeit hinaufragenden Trompeter-Familien am Münchener
Hof. In »lucas« darf vielleicht bereits Lucas Wagenrieder erblickt
werden, der uns unten weiter beschäftigen wird. Leider sind bei
dem Lautenschläger und Geiger Namen hier nicht genannt; der Geiger
lässt sich indes aus einem anderen Verzeichnis von der Herzoge

---

[1] Sittard, a. a. O., S. 3.
[2] K. Reichsarchiv, Fürstensachen II Spec. Lit. C. Fasc. XXVII No. 322. Im
gleichen Fasciccl findet sich eine »Ordnung des Hofhaltens zu Burckhausen
A°. 1509«, darin es heißt ... Den Briestern zo offt Sy Mettn singen Ir ijedem j
kändl wein. Vnd den Schreibern so Sy Mettn synngen ain Kuffn Pier vnd
Brot wie von allter ..
[3] »die alle süllen den aijde thun der cantzeleij geuell in die alt mainung zu
pring(en)« ... und dabei Musik machen!

Hofstaat bestimmen, das Kreuner mittheilt[1], als »Sebolt«. Das gleiche Dokument nennt auch den hier fehlenden Maister Paulus Organist, den wir bereits als 150S von Albrecht IV. übernommen kennen, vielleicht ohne Zwischenglieder der Nachfolger Paumann's und Vorgänger Schechinger's. Wenige Jahre später taucht dann nach oder neben Sebolt ein anderer Geiger am baycrischen Hofe auf, Gregor Kraft aus Thorn; von diesem Künstler heißt es bereits 1520 in seinem Bestallungsrevers, der sich — der erste eines bayerischen Hofmusikers — im kgl. Reichsarchiv vorgefunden hat: . . . alls vnnser getreuer Gregorius krafft von thorn Etlich zeit here vnnser Diener vnd geyger gewest . . .[2]

Mit Kraft, welcher der herzoglichen Hofmusik über dreißig Jahre, die ganze Senfl'sche Zeit und darüber angehörte, gewinnen unsere Nachrichten wieder festeres Terrain. Bevor ich indes das genannte auf ihn bezügliche Dokument im Wortlaute folgen lasse, muss einer, vielleicht noch etwas in der Luft stehenden Persönlichkeit erwähnt werden; denn ob der lustige Vogel N. Grunenwald »Singer an des Hertzog Wilhelmen von München Hof« »ein berümpter Musicus vnnd Componist« wie »guetter Zechbruder« in den früheren oder späteren Regierungszeiten des Herzogs zur Cantorei gehörte oder vielleicht überhaupt nur eine fingirte Person ist, lässt sich nicht ermitteln[3]. Wie dem auch sei, der Stadtschreiber Jörg Wickram zu Burckheim erzählt in seinem »Rollwagenbüchlin« 1557 von unserem Grunenwald den köstlichen Schwank, wie er bei einem Wirth zu Augsburg seine ganze Baarschaft vertrunken und noch acht Gulden Schulden gemacht hatte. Da er selbige nun bezahlen und gar seinen Mantel zum Pfande lassen sollte, muss die Kunst helfen. Grunenwald setzt sich hin, dichtet und componirt:

> »Ich stund auff an eim Morgen[4]
> Vnd wolt gehn Mönchen gehn
> Vnd war in grossen sorgen
> Ach Gott wär ich daruon
> Meim Wirt dem was ich schuldig vil . . .«

---

[1] Der Landtag im Herzogthum Bayern vom Jahre 1514. München 1804, S. 186.

[2] Bestallungsbriefe und Reverse bayer. Beamter Fasc. I. — 1531 heißt es von ihm in den Kammerrechnungen der Stadt München (Stadtarchiv) »der Stat Steur« . . . »ij β ♏. Eingenommen von Gregorj geiger sein Steur vom xxx¹ Jar«.

[3] Kurz in seiner Ausgabe des Rollwagenbüchleins Leipzig 1865 S. XXXV ist der Meinung, dass viele Geschichten mündlichen Überlieferungen nacherzählt sind.

[4] Nicht zu verwechseln aber wohl eine bewusste Parodie auf »Ich stund an einem Morgen«.

2

In der Fortführung klagt er sein Leid Herrn Fugger, worauf

»Den. Wiert thet bald bezalen
Der Edel Fugger gut
Mein schuld gantz vberale
Das macht mir leichten mut
Ich schwang mich zu dem Thor hinauß
Allde Du lawsiger Wirte
Ich komm Dir niñ ins hawß.«

Mit diesem Lied geht Grunenwald zu Herrn Fugger und sagt, er wolle dasselbe, als zu des Herrn Ehren verfasst, vorsingen. »Mein Grunenwald«, antwortet Fugger, »ich wills gern hören, wa seind Deine Mitsinger so Dir behilflich sein werden, laß sie kommen. Nein, Gnädiger Herr, sagt er, ich muss allein singen, dann mir kan hierinn weder Bass noch Discant helfen. So sing her, sagt der Fucker. Der gut Grunenwald hub an vnnd sang sein Lied mit gantz frölicher stimm herauß. Der gut Herr verstund sein kranckheit bald . . .«

Und wurden die acht Gulden Schulden unseres Cumpans bezahlt.

Kraft's Bestallungsbrief lautet:

Gregorien Crafftens Geigers Reuerß vnd bestallung Anno etc. (15) 20.

Ich gregorius kraffth von thorn bekenn mit dissem offen brieve Alls der durchleuchtig fürst | vnd Her Her Wilhalm pfaltzgraue bej Rein Hertzog im oberñ vnd Nideroñ bayrñ mein gne- | diger Her mich Zu seiner fürtlichñ gnadñ diener vnd geyger mein lebenlang an deß Houe | bestellt vnd angenommen hat, Laut Irer gnadñ be- stelbriefs mir deshalbn behendigt von Wort | zu Wort des Innhalts. Von gottes gnadñ wir Wilhalm pfhallenntzgraue bey rein Hertzog | In oberñ vnd nyderñ Bayern etc., Bekenn, alls vnnser getreuer Gregorius krafft von thorn | Etlich zeithere vnnser diener vnd geyger gewest, vnd vns zu gefallñ gedient hatt, | das wir Ine nun furohin Zu einem Diener vnd geyger an vnsern Houe aufgeomen [aufge- nommen] | vnd bestelt habū, Sein lebtag, vns mit allen seinen künnstñ vnd dienstñ getreues vleiß | zu gewardñ, vnd gehorsam Zesein, vnnsern fromben Ze fürdern v. schaden Ze wenndñ, | vnd alles das Zethun, das ain getreuer williger Diener seiner Herrschafft schuldig ist, | Auch Sich on vnnser vergonnen vnd erlaubñ, mit Diennstñ Zu kainem anndern Herrn | mehr verpflichten Alls er vnns dann das mit Seinen treuen an aydesstadt gelobt hat, | vnd vmb Solch sein Diennst habū wir Ime versprochen vnd zugesagt, vnd

Versprechn͂ | mit dem brieue, das wir Ime'Sein lebtag Jerlichs Zu
Solde geben Sollen vnd wollen | Sechzehen gulden remisch in münss
vnser lanndes werungh vnd ain Hofcklaidt | Nämlich Zu yeder
quattember vier guldn͂ reinisch auch darzu dy liferung oder | So wir
(als yzt beschicht) vber houe mit speyßn͂ darfur das gellt betzaln͂
Wie wir dan | anndern͂ der gleichn͂ vnnsern͂ diennern Zegeben pflegn͂,
Welche vorangeregte besoll- | dungh an gellt wir Jezygem vnd ainem
yedn͂ konnftign͂ vnnserm Cam͂erschreiber | auf vnnserm Camerambt
alhie obangezeiterrmassn͂ von vnnsern͂ wegn͂ gedachtn͂ | krafftn͂, Zu-
entrichtn͂ hiemit verschaffn͂, vnd des allso mit erster bezalung Zu |
nägst kommender quattember pfingstn͂ anzefahen. Wir wolln Ine
auch Zue recht | versprechn͂ beschützen vnd beschirmen als annder
vnsser Diener, darauff wir sein | auch Zue recht vnd aller billicheit
mechtig sind, wo er sich aber in Solhn͂ seinen | Dienstn͂ nit redlich
oder dermassen, wie uorsteet, hiellte des sich kuntlich erfunde, | So
Seyen wir alsdann vnangesehn͂ disser vnser verschreibung weiter Ine
zu diener | zu behaltn͂ vn͂d Zubesolldnen vnuerpundn͂, Ongeuerde,
des zu vrkundt habn͂ wir | Ime den brieff mit vnserm anhangdn͂
Secret besigelt vn͂d aigner Hannde | vnderschribn. Gebn͂ in vnser
stat münchn͂ am montag vor purificationis | marie Im funfzehnhundert
vnd Zwainzigstn͂ Jar, Darauff ich obgenannter | krafft bej meinen
waren trewen on aydes Stat gelob vnd versprich seinen fürstlichen
gnadn͂, alles vnd Jedes Das hieuor inserirter brieff Innhellt vnd |
mich verpindet, war vnd stat Zehaltn͂ vnd Zuuolzihn, treulich
ongeuerde, | Des zu vrkunde hab ich seinen fürstlichen gnadn͂ disen
reuers mit meiner | aygnen Hande geschriben vnd meinem Hiefür
dructn petschir befestenndt. | Gebn am montag vor purificationis
marie Im funfzehn͂ Hundert vnd | zwainzigstn͂ Jarn.

1526 wird als das Jahr genannt, in dem die Zugehörigkeit
Ludwig Senfl's, des größten deutschen Contrapunktisten der ersten
Blütheperiode, zur Münchener Kapelle erwiesen sei. Diese Annahme
stützt sich auf ein Werk des Künstlers *Quinque salutationes D. N.*
Jesu Christi, ex illustrissimi Principis et Domini Wilhelmi etc. com-
missione a Ludovico Senflio ejusdem illust. D. Musico intonatore
humillimo excusae dicataeque summis et studio et oboedientia, das Fétis,
Ambros und Schubiger als 1526 zu Nürnberg gedruckt bezeichnen.
Leider ist dies Werk bislang nirgends mehr aufgetaucht; auffällig
ist, dass in Cod. 69 der Münch. Hof- und Staatsbibliothek, in dem
sich das besagte Opus von Senfl's Copisten geschrieben vorfindet,

ebenderselbe ausführliche Titel in wörtlicher Übereinstimmung der
Musik voransteht. Ende der zwanziger Jahre aber kam der Meister
jedenfalls nach München; 1528 hatte er eine Messe für den Abt
von Tegernsee, Heinrich Kuntzer, in Musik gesetzt ... *collegit
Missam a Ludovico Senftel cive Monacensi sub notis compositam* ...[1]
Es ist hier nicht unsere Aufgabe, des Künstlers Lebensbild,
wie es bis heute — dürftig genug — bekannt ist, leicht zugänglichen Quellen nachzuschreiben. Am ausführlichsten hat Robert
Eitner das Material in seinem Textbande zur Ausgabe von Ott's
115 Liedern zusammengestellt; dazu möge man Ambros'[2] begeisterte
Analyse der Werke vornehmen. Wie erwähnt, hat sich bei Nach-
forschungen in Innsbruck[3] nichts und in den hiesigen Archiven bei
beträchtlichem Aufwand von Zeit wenig direkt auf den Meister bezügliches gefunden. Indirekt bereichert aber vielleicht Senfl's Biographie ein Hinweis auf die über die Familie Senftl im oberbayerischen
Archiv Bd. 11 (1850) S. 118 gemachten Mittheilungen, aus denen
hervorgeht, dass seit 1391 der Name in München vorkommt, dass
Otto Sänftl 1434—1468 Kirchenpropst bei U. L. Frau, und 1465
Andreas Senftl im »äußern Rat« der Isarstadt war. Außerdem
kommt der Name aber auch im 15. Jahrh. in Tyrol vor — in Basel

---

[1] Lipowski, bayer. Musiklexikon, München 1811, Nachtrag; nach Oefele,
a. a. O., II, S. 78. Eitner (a. o.) hat diese Notiz übersehen.

[2] Geschichte II, 408 ff.

[3] Es wäre eine sehr verdienstliche Aufgabe, eine geschlossene Geschichte des
so interessanten älteren Innsbrucker Musiklebens zu schreiben. Nachfolgend einige
Notizen aus der früheren Zeit, die ich gelegentlich meiner Senfl- und Lasso-Recherchen
im k. k. Statthaltereiarchiv gefunden habe:
1) 1416—35. (Cod. 208) ordnung hofs. S. 21a Singer. Item Maister Niclas so
Er da ist doch so würdt er gen brixen ziehen vj person Item wilhelm Item iiij
knaben. (Niclas heißt an anderer Stelle des Cod. »Organist«). S. 22. Trumetter
vnd pfeiffer genant fritz.
2) 1492. (Maximiliana XIV.) Auf Befehl des Kaisers haben »Capellen oder
Singer« 200 fl. erhalten vnd sollen noch 400 fl. bekommen, Ostermontag.
3) 1498. (Prouisioner vnd Dienstlewt Register.) S. 3. Paulsen Hofhaimer
Actum Sambstag post Exaltationis Crucis Anno dm etc. Lxxx (1480) aus dem
Phanhauß (Pfannhaus) zu Hall Jarlichen jC gld (100 fl.). — S. 30a Maximilian
etc. Getreuer, lieber. Das Dienstgelt so Du ain Zeither von vnns gehebt hast künden
wir Dir hiemit ab, vnd wollen Dir dasselb hinfür zugeben nicht mer schuldig
sein ... S. 31a. Pauls Hofhaimer Organist die Hunder(t) guldin so Er auf wider-
ruffen hat abzukunden.
4) 1500 u. 1501. (Raitbücher, Rubrik Sold und Provision.) S. 82 und 80a. Hain-
richen ysaac (in 1501) »eodem die« (14. Dezember) an seiner provision gebñ auf
sein quitt/ung) 25 gld.
5) 1508. (Hofsachen, Quittungen und Geldanweis. Mai-Dezember 1508. Maximiliana 4a Nr. 165.) Quittung des Caplans Eberhard Senfft über 15 guld. empfangen

bekanntlich nicht — wie aus nachfolgendem Eintrag in die Tyroler
Lehenbücher des k. k. Statthaltereiarchivs (S. 260 Predaplan) hervorgeht:
Die Vessten Predaplan mit 13 Markht gelts, die Dar- | zue ge-
hören, vnd auch das Hauß gelegen zu Triendt | in der *contraten*, so
w. Rudolfen von Bellitschon ge- | wesen, vnd von seines verwirckhens
wegen an Le- | henherrn gefallen, ist Michaeln Sennfel Zollner | zu
Triendt zu rechtem Aigen gegeben worden, | doch soll Er des Ru-
dolfshauß in Bellitschoner *con-* | *traten*, als oben begriffen, mit ver-
khauffen, noch | anwerden, sonder soll dem Landts Fürsten dar- |
mit gewarten, won Er gen Triendt khombt, das Er darinnen sein
Herberg habe. Actum auf Tyrol. Anno **1420**. Frag. lib. 1 fol. 250«.
Über die Familie im 16. Jahrhundert s. S. 24, Anm. 1. Zweifellos ist

___

für die **Knaben**, **Gesellen** und den **Organisten**, die an Dreikönig gedient
haben. Datirt **Cölln** 7. Mai 1508. Aehnlich Nr. 166 des gleichen Fascicels.

    6) ohne Jahrzahl (Hofsachen und Hofstaat Maximilians).

        Pitt pfeiffer   iii person (= Liefergeld für 3 Personen)
        organist   iiii
        Cantory   xviii
        pussauner   viii
        klain capel singer vij

    7) **1512**. (Hofsachen, Quittungen etc.) Schreiben, betr. Sendung eines Orgel-
machers nach Innsbruck.

    8) **1514**. (Raitbücher, Rubrik »Sold« S. 181.) **Hainrichen Ysaac** Componist
gebn am vierdn tag Nouember an seiner an vordrung zu Hannden Hrn Jörgn
Bischoff zu wienn Laut d(er) quittung 2 gulden.

    9) **1515**. (Copialbücher »Geschäft vom Hof« S. 14; theilweise mitgetheilt von
La Mara, Musikerbriefe, Leipzig 1886. I, S. 5.) **Hainrich Ysaackh**. Edle Er-
samen gelerte vnnd lieben getreuen Nachdem | wir dem Ysackh vnnserm Componistn
alle Jar sein | Lebenlanng Annderhalbhundert guldein Reinisch zu | Prouision auf
vnns(ere) Raitcamer zu YnnsPrugg Ewr | verweesung verschriben haben, doch daß
Er vnns | an vnnserm Hof diennen sol. Dieweil er aber sein | gelegenhait diser
Zeit nit aus vrsachen vnns deshalbn | angezaiget also daz Er vnns zu florenz nuzer
| dann an vnnserm Hof ist, Demnach Empfelhen | wir Euch mit besonderm ernnst,
daz Ir dem genannten | Ysackh solch Annderhalbhundert guldein Reinisch nichts
| destomynnder raichet vnnd gebet, vnnd das | chains wegs lasset, das ist vnns(ere)
ernnstliche meinung. Geben Zu | Ynnsprugg am xxvij**te** tag Januarj Anno etc.
xvto. | Vnns(er) beuelch ist auch das gedachtem Ysagg | die verganngen Quattember
zu weyhenechten | bezalt werde. | Durch kay Me. Niclasen Ziegler vnnd | Micheln
Puehler vnnderschriben. | An das Regiment vnnd Raitcamer zu Ynnsprugg.

    10) **1518**. (Maximiliana 4a. Nr. 149.) Im pfintztag den xiiii tag october Anno
etc. im xviii jar sein . . . kertzen aufganngen . . . Der kaiserin trumlschlager vnd
pfeiffer ij khlain kerzen. — Der kaiserin vnnd kunigin etc. lauttenschlacher iiij
khlain kerzen. — Auf der lauttenschlacher tapissir vnnd anndern tischs so mit
Inen essen ij khlain kertzen.

    11) **1519**. (Ebenda.) Person so von Hoff aus Bai mein gn. Frauen . . . gespeiset
werden 1519 | . . mayst(er) Hanns Lauttenschlaher vnnd iiij knaben iiii (personen)
| Jörg Rennckh pfeiffer ij. — | . . . . . orgenistl ii. —

Senfl Schweizer und zu Basel-Augst geboren; vielleicht findet sich aber doch noch einmal ein Dokument, das so Entferntes überbrückt. Der angezogene Artikel des Oberbayerischen Archivs beschreibt das Wappen der Familie nach einer heute noch in der Frauenkirche befindlichen Votivtafel[1]; und giebt (nach S. 144) auch eine kleine Abbildung desselben.

Anfänglich nur *musicus intonator* (Cod. 89), dann *musicus primarius* (auf dem Titel der horazischen Oden 1534) und »fürstlicher Componist« (in seinen Briefen 1532—38, zuerst mitgetheilt von M. Fürstenau, Allg. mus. Ztg. 1863. S. 564 ff.) genannt, scheint Senfl herzoglicher Kapellmeister thatsächlich niemals gewesen zu sein. Der Titel eines solchen ohne Personalbezeichnung findet sich zwar 1550 in der Aufstellung von des verstorbenen Wilhelm IV. letztem Bestand des Hofstaats, die uns des weiteren beschäftigen wird, und wer hätte zweifeln können, dass er Senfl gegolten haben müsse! Nun enthält aber das Rathsprotokoll der Stadt München (Stadtarchiv) 1551 folgenden Eintrag: »Wolffganngen Fynnckls gewesten Capellmaisters seligen gelassnen khynden Matheusn u(nd) Elisabethn vnnd Vrsulen so ynn auff gewonliche gelubd zw vormunden oder Curatorñ gesetzt Leonhart Pruenhuber der ellter vnnd Benedict Feychtner Melbler. Ac(tum) 23. Oct. A°. 51.«

Wolfgang Fünckl (= Funck oder Finck) ist eine in der Musikgeschichte bislang völlig unbekannte Persönlichkeit, mir wenigstens ist nicht gelungen über ihn in künstlerischer Beziehung etwas ermitteln zu können. In Cod. 42 der Münch. Hof- u. Staatsbibliothek wird zwar ein lediglich mit »Fingk« bezeichnetes 4stimm. Stück »Caro mea« überliefert, aber die Wahrscheinlichkeit ist doch viel größer, dass dasselbe Heinrich Finck zugehört. Doch hat sich auch W. Fünnkl's unmittelbarer Nachfolger Andreas Zauner (s. S. 34) als Componist nicht hervorgethan. Falls Wolfgang indes Anfang der vierziger Jahre schon Kapellmeister Wilhelm's IV. war, lässt sich ein Dokument über sein Privatleben beibringen, das ich anfänglich auf Senfl beziehen zu müssen glaubte; es ist aber eben stricte vom Kapellmeister die Rede (Rathsprotokolle 1540—42, S. 84): »Agnes aufm Värbergrabn so hieuor mit dem Capellmaist(er) vnnd an yetzt mit dem Dechant zw vnnser Frawen in vnern gehaust vnnd in verdacht khumen alls soll Sy disen bayden Herrn poculis amatorijs die vernunfft, gedachtnis vnnd sunderlichs die leibs gesundhait genumen (huben), ist derhalben aus der Stat gestrafft vnnd Ir dieselb zw sambt

---

[1] Siehe auch die Beschreibung von zwei der Hagenauer'schen Medaillen auf Senfl. Oberbayer. Archiv, Bd. 13, S. 128.

dem Burgkhfrid verboten worden« — wozu sich der geneigte Leser
selbst das Geeignete commentiren möge.

In den zwanziger Jahren nun muss sich die feste Organisation
der Kapelle vollzogen haben, die Ersetzung der »Schreiber« durch
Sänger von ausschließlichem Beruf, die Regelung der Erziehung
jungen Nachwuchses u. dergl. In *Johannis Boemi Liber Heroicus de
Musicae laudibus August. Vindel.* 1515[1] werden wohl des Kaisers
Maximilian und der Herzoge von Sachsen und Württemberg Ver-
dienste um die Tonkunst gesungen. von Bayern aber ist nicht die
Rede. 1530 dagegen preist Luther in seinem bekannten Briefe an
unsern Meister die Wittelsbacher Herzoge, weil sie die Musik so sehr
pflegen und ehren, und schließt »grüße mir ehrerbietig deinen ganzen
Musikchor«[2]. Das Vorbild für die Umgestaltung war wohl d i e
Cantorei, in der unser *musicus primarius* als Schüler und später
Nachfolger Heinrich Isaaks fast dreißig Jahre seines Lebens zuge-
bracht hatte, Innsbruck; wie wir gesehen haben (S. 21, Anm. 6)
zahlte Kaiser Maximilian, der begeisterte Freund und unermüdliche
Förderer des Schönen, der die tyrolische Hauptstadt zu einer wahr-
haften Stätte der Kunst umschuf[3], in seinem Personalstatus für
18 Cantoreipersonen, 5 Posauner und 7 Knaben Liefergeld. Da diese
nun nach analogen Berechnungen (cf. z. B. S. 21, Anm. 11) nur je
für eine Person Liefergeld auf den Kopf zu erhalten pflegten, bestand des Kaisers Musik wohl thatsächlich aus der genannten Zahl von
Sängern, Jungen und Instrumentisten. Über solche Kräfte konnte München jedenfalls in späteren Jahren dieses Zeitraums nicht verfügen, denn
1550 zählt die herzogl. Musik nur 16 Personen, darunter 6 Instrumentisten. Vielleicht war aber vorher das Personal größer. Denn 1572, als
16 Sänger und 19 Instrumentisten besoldet wurden, erklärt Albrecht V.
den Ständen, die in (weitere) Minderungen der Hofmusik dringen,
letztere sei unter Herzog Wilhelm stärker als jetzt besetzt gewesen[4].
Es wurde auch thatsächlich in den vierziger Jahren (vor 1545), wie
aus einem im k. Reichsarchiv befindlichen »Vberschlag des gn. fn.
Hofstaat«[5] hervorgeht, für die Cantorei die beträchtliche Summe von
3000 fl. ausgegeben[6].

---

[1] Monatshefte f. M. 1873. S. 101 ff.
[2] Deutsche Uebersetzung von Schlecht bei Eitner a. a. O. S. 72.
[3] cf. Egger, J., Geschichte Tirols II. Bd., S. 65ff.
[4] Freyberg, Geschichte der bayer. Landstände. Sulzbach 1829. Bd. II, S. 385.
[5] Fürstensachen II. Spec. Lit. C. Fasc. XXVII. Nr. 322.
[6] Um die Höhe dieser Summe zu begreifen, muss man indes auch das zahlreiche Notenmaterial, welches unter Wilhelm IV. hergestellt wurde, enthalten in
den jetzt in der Hof- und Staatsbibliothek zu München aufbewahrten Codices (wobei noch Manches verschleudert oder zu Grunde gegangen zu sein scheint) mit

Nach der Vorrede des David Köler in Zwickau zu seinem 1554 erschienenen 10 Psalmen war Senfl in diesem Jahre noch am Leben; am 31. Januar 1556 aber nennt ihn Georg Forster in der Dedication zum 5. Theil seiner berühmten Liedersammlung bereits »Senffel seliger«. Das Todesjahr des Meisters ist also zwischen die beiden Daten zu verlegen; in der Münchener Kapelle aber war er bereits 1550, wie wir des Weiteren sehen werden, nicht mehr thätig. Es ist ein merkwürdiges Zusammentreffen wenn wir nun 1554 von dem Tod eines Nik. Sänftl, Chorherrn bei U. L. Frau in München erfahren[1].

Den Bemühungen, die Kenntnis von Senfl's Leben durch irgend einen direkten Beitrag bereichern zu können, schien lange Zeit überhaupt jeglicher Erfolg versagt. Wenn ich nun doch in der Lage bin ein Dokument über den Künstler mittheilen zu können, gebührt Herrn Dr. Trautmann, der mich auf dasselbe, wie die vorstehende Affaire der schlimmen Agnes mit dem Kapellmeister, zuerst aufmerksam machte, hier besonderer Dank.

Rathsprotocoll 1535, S. 132 und 137 finden sich folgende Einträge:

»Mittwoch VII. Aprilis Herr Ludwig Sannfftel Ist anzaigt vnsers genädigen begern (durchstrichen) ain ersamer Rath.«

»Ludwig Sanfftel contra Hanns bawmann apotheker.

Ist auff den 14. Aprilis für ainem ersamen Rath erschienen mit grossen beystand v(n)d hatt Her Hans von Sandzell von seinet weg(en) geredt vnd clagt, das auff [vacat] tag er auss sonder freundschafft vnd . . . . eglkayt [unleserlich] so er zw seiner Hausfr(au) schwester kinden tregt nach des apothekers tochterlein Benigna geschickt vnd

---

einrechnen. So entstammen z. B. dem einzigen Jahre 1531 Cod. 60, 61, 62; keine geringen Kosten mag auch der mit schönen Miniaturen ausgezierte Cod. 6 gemacht haben. Albrecht V. trat mit seinen Aufträgen für Cyprian's Motetten und Lasso's Bußpsalmen nur in die Fußtapfen seines Vorgängers. — Von besonderem Interesse ist in letzterem Codex S. 188a eine Abbildung, darstellend einen Portativspieler (Schechinger?) und eine singende Gruppe von 6 Cantoreiknaben und 6 Singern. Der Codex ist um 1538 geschrieben. Maier, a. a. O. S. 34ff. und 4.

[1] Mayer, A., Die Domkirche zu U. L. Frau in München. München 1868, S. 193. Dasselbe Werk berichtet uns auch von dem 1547 erfolgten Tode eines Chorherrn Andreas Sänftl (gleichf. S. 193), vermuthlich des Votanten der vorerwähnten Tafel (S. 198), sodann von anderen älteren und jüngeren Mitgliedern der Familie, S. 92 und 75a mit Quellenangabe. Ich kann dieselben noch des weiteren ergänzen durch einen Eintrag, den ich in den Hofkammerprotokollen (k. Kreisarchiv München) gefunden habe: 2. März A. (15)57. Balthasarn Senfl zu Aurlafing Rts. Erding supplication vmb Nachlass v. Traidt . . . und durch Verweis auf die Rathsprotokolle der Stadt München betr. Anthoni Sannftell und Sigmund Senftl (z. B. 1535, S. 158, 215) u. s. f. Eine Verwandtschaft zu Ludwig ergiebt sich nirgends.

mit gutem wellen des vatters den tag vber bey Im gehalten vnd zw
nachts bey seiner Dinerin Sabina wied(er) heim geschickt vnd lme
dabey vnd seiner Hausf(rau) ain guette selige nacht Zw enthbothen.
vnd habe das tochterlein Beningna ain hech(enes) schlepp auffgehabt,
der apotecker gefragt wes das schleppel sey, Dirn geanthwort es sey
Ires Hern des schweizers, er apotecker Ir das schleppl zwgeworff(en).
vnd gsagt dein Her hatt mir ein schufft zugsagt, sag Ime also vnd
also darauff Sabina Ir werdt meinem Hern woll selbst sag(en) w(as)
Ir mit Ime zereden. Ich will meinem Hern nichts von euch noch
euch von meinem hern sagen.«

Damit ist das Protokoll zu Ende, über den weiteren Verlauf der
Sache ist leider nichts mehr verzeichnet. Man begreift den Zorn
des Apothekers nur, wenn man das »schleppel« (eine Art kleiner
Mütze) als bäuerische oder einer Magd zukommende Kopfbedeckung
auffasst (cf. Schmeller's Wörterbuch).

Was uns aber mehr interessirt: Senfl war thatsächlich verheirathet,
denn »Hausfrau« heißt zur fraglichen Zeit nur Ehegesponst[1]; er befand
sich in annehmbaren Verhältnissen, das beweist die Möglichkeit, dass
er sich eine Dienerin halten konnte. Er genoss Ansehen in der Stadt,
wie das natürlich ist, denn er erscheint vor dem Stadtgericht mit
großem Beistand und lässt Hans von Sandizell, einen fürstlichen
Rath[2], seine Sache führen. Er hält etwas auf seine Reputation und
lässt nichts auf sich sitzen. Endlich ersehen wir, wie er allgemein
der »Schweizer« hieß, da ihn sogar seine Magd so nennt. Auf ein
besonders gutes Verhältnis zu seinem Schwager Baumann, dem Apotheker lässt der Vorfall allerdings nicht schließen. —

Unser Münchener Meister bildet den Schlussstein der ersten
Periode deutscher musikalischer Kunst. Seine Werke halten den
höchsten aus der damaligen Kunstanschauung resultirenden tech-
nischen wie den stets gültigen Anforderungen — dass einem etwas
»einfalle« — Stich. Senfl ist ein ganz hervorragender Melodiker
und trotz der Venetianer schon ein Meister trefflichen Wohlklangs;
ein eminenter Contrapunktist und voll des schönsten wohlthu-
endsten deutschen Humors; endlich in seinen Oden das hervor-
ragendste Beispiel für die Harmonie seiner Zeit und der glänzendste
Vertreter des deklamatorischen Rythmus. Hoffentlich bringt eine
Gesammtausgabe seiner Werke eines Tages auch diesen Künstler
wieder ganz an das Tageslicht. Es ist hochbedauerlich, wie Werke
z. B. von Gehalt seiner *Missa paschalis* 5 voc., welche die Münchener

---

[1] Seine Frau hieß vielleicht Jacoba. cf. Winterfeld, evang. Kirchenges. I, 180.
[2] Rathsprotokoll 1540—42. S. 36 u. a.

Hof- und Staatsbibliothek ungedruckt besitzt, anderer nicht zu gedenken, sich Jahr für Jahr der Kenntnis weiterer Kreise entziehen.
Das Repertoir von Wilhelm's IV. Kapelle zu Senfl's Zeiten ist
uns bekannt. Es offenbart sich aus der wiederkehrenden Hand von
Senfl's Copisten in den Münchener Codices; da finden wir in erster
Linie Josquin und des Meisters Lehrer Isaak bevorzugt; außerdem
Petrus de la Rue, Brumel, Mouton, Gombert, Jacotin, Clemens
non Papa, Willaert, aber auch Morales, Knöfel, A. von Bruck und
natürlich sehr häufig den »fürstlichen Componisten« selbst. Die
Niederländer, wie man sieht, überwiegen im Ganzen. —

Der Mangel eines bis jetzt auffindbaren Verzeichnisses von der
Herzoge Cantoreipersonen etc. vor 1550 muss durch Zusammen-
stellung etwa sonst erhältlicher Nachrichten ausgeglichen werden.
Ich mache im Nachfolgenden den Versuch.

Buchner erzählt in seiner Geschichte Bayern's VII, S. 55, dass
in den zwanziger Jahren der Hoftrompeter Gugler wegen ketze-
rischer Äußerungen zum Tode verurtheilt und nur nach einem
Fußfall von Weib und Kind vor dem Fürsten zur Strafe des Exils
begnadigt wurde. — Hans Rauch, Zinkenblaser und Franz Reif,
Pusauner, erweisen sich, der erste als seit 1530, der letztere als seit
1535 in bayerischen Diensten S. 32. In München ansässig war 1525
jedenfalls auch schon der 1550 der Hofkapelle angehörige Bassist und
Pusauner Peter Steudl; denn er erhält nach den Kammerrechnungen
der Stadt von 1525 zehn fl. »vmb das Er ain tritman Hey gemainer
Stat mit plasen vertretten hat« (Rubrik »Ratzgschafft«). 1529 befindet
er sich dann als Stadtpfeifer völlig in städtischen Diensten mit 24 fl.
Gehalt. (Gleiche Quelle 1529 »der Stat Ambtleut«), allerdings
scheinbar nur auf kurze Zeit, schon 1532 ist er durch »Jörg von
Lanndshut« ersetzt.

Vom Hofstaate Ludwigs zu Landshut sind uns u. A. die nachfolgenden Musiker des Jahres 1530 erhalten [1]:

Trompeter: pauls. — Meng. — Ernst. — franckh. —
Haintz. —
paucker. —
liendl pfeiffer.

Vielleicht an den Letztgenannten knüpfte sich ein lustiges
Histörchen, das kein Geringerer als Hans Sachs uns überliefert

---

[1] k. Reichsarchiv Fürstensachen II Spec. Lit. C. Fasc. XXVI Nr. 308.

hat[1]; denn da Sachs keine Zeit angiebt, könnte immerhin Ludwig's Pfeiffer zuvor an Wilhelm's Hofe als Lautenschläger gedient haben.

Wie dem auch sei:

Man pflegte früher am Himmelfahrtstage die Statue des auferstandenen Heilandes mit der Osterfahne nach der Vesper in das Gewölbe hinaufzuziehen. Nach dem Vormittagsgottesdienst war nun Jedermann heim zum Essen gegangen und die Kirche leer. Da nahm der vermessene Schalk Liendl den »Herrgott« weg und trug ihn in sein Stammwirthshaus.

> Thet hindern Tisch den Hergott setzen
> Sprach: Herr ich muß mich mit ihm letzen
> Dann er wird jetzt gen Himel fahrn
> Wenn ich auch kom hinauf nach Jarn
> So wird er mir auch wider schencken.

So zechte Liendl mit dem Herrgott, dem er eine Kanne Wein umgehangen hatte, bis man zur Vesper überall nach demselben suchte. Der Messner findet endlich Beide und trägt den Herrgott zurück; Liendl aber erhielt vom Fürsten einen scharfen Verweis, er solle mit dem Teufel, nicht aber dem Herrgott Spott treiben; den versprach er sich zu Herzen zu nehmen. Man pflegte nun ferner am Vorabend des Himmelfahrtstages nach allerhand vorhergegangener Mummerei einen ausgestopften Teufel bei der Frauenkirche herauszuhängen, der andern Tags nach der Himmelfahrt des Herrgotts herabgeworfen und endlich auf dem Gasteig verbrannt wurde. Wie nun wieder das Fest herankam, schnitt des Nachts Liendl den Teufel ab, zog ihm einen schönen Fuchspelzrock an, den er bei seinem Wirth entlehnt, und stellte den Bösen am Markt auf den Pranger. Das gab nun des Morgens einen großen Auflauf, der Wirth musste beim Henker seinen Rock auslösen und die ganze Stadt lachte über Liendl's Schwank Er aber sagte:

> Der Furst hat mich's fort gheisen wol
> Mit dem Teuffel ich schertzen sol
> Das hab ich auch mit fleiß gethan ...

Liendl war bei seinem ersten Streich gut davongekommen, obgleich ihn der Probst »als ein Ketzer angsagt«. Da war es Gugler, freilich auch auf Grund anderen Sachverhalts, schlimmer ergangen.

Authentische Nachricht besitzen wir über ein Mitglied der herzogl. Cantorei, den Altisten Lucas Wagenrieder durch eine

---

[1] Ich entnehme die Mittheilung theilweise Holland's Geschichte der Münchener Frauenkirche, Stuttgart 1859, S. 87. cf. Sachs, H., Das vierdt Poetisch Buch. Nürnberg 1578. Der dritte Theyl S. LX Schwanck des Liendel Lautenschlaher. — Gnadengeld des Pfeifers Liendl 1554 siehe S.

Notiz von 1534 und fünf Briefe des Mannes vom 9. Februar und 18. Dezember 1536, einen undatirten, einen vom 4. August 1537, den letzten vom 4. August 1538[1]. Vielleicht sogar identisch mit dem in Wilhelm's IV. Hofstaat 1514 schon erwähnten Lucas war Wagenrieder jedenfalls später geistlichen Standes (gleich dem obengenannten Faber), nämlich Caplan; er wohnte zu München in der Fingergasse. Seine Briefe sind an Herzog Albrecht von Preußen und dessen Factor Georg Schultheis gerichtet und behandeln sämmtlich die Thätigkeit Wagenrieder's als Abschreiber von Compositionen Senfl's und anderer Werke, die Herzog Albrecht entgegennimmt. Von Senfl spricht er mit »mein Gesell«, was natürlich nach dem Gebrauch jener und früherer Zeit nichts anderes heißt als College. Fürstenau hat Wagenrieder's Briefe trefflich ausgeschlachtet und mit denen Senfl's verwoben a. a. O. S. 567 und 568. Wenn ich das Dokument. mit dem Wagenrieder 1534 in der Cantorei nachgewiesen ist, hier folgen lasse, möge der freundliche Leser sich den geringen Gegenstand als ein Streiflicht über Altmünchen gefallen lassen: »Her Lucas in der Canthorei vnd Her Nydermayr . . . Maister Simon byldschnitzer.

Des aufgiessen halber Ist maister S. beuollgen, das er bey den amptlewten erfragt vnd befunden das solchs aufgiessen . . . als Zw winters Zeit geferlich Ist vnd mag ain ersamer Rat solch gefarliche aufgiessen von Ime vnd andern nit gedulden . . .«[2].

Neben dieser mehr untergeordneten Persönlichkeit begegnen wir aber auch einem »kleinen Meister« schon neben Senfl, einem jener dem Historiker nichtsdestoweniger interessanten Persönlichkeiten, deren Schaffen den Hintergrund abgiebt, von dem sich das Bedeutendere abhebt. Es ist dies Johann Schechinger der ältere, Organist Wilhelm's IV., ein Mann von immerhin beträchtlichem Ansehen unter seinen Zeitgenossen, so dass z. B. man seiner Dienste am Innsbrucker Regentschaftshofe eigens begehrte.

Schechinger stammt aus Passau und ist ein Schüler Hofheimer's[3], wie aus des O. Luscinius Mvsvrgia von 1536 hervorgeht. Nicht erst

[1] Originale im kgl. geh. Archiv in Königsberg. Auszugsweise mitgetheilt von Fürstenau a. a. O. S. 567 ff. Der Wortlaut von Eitner, Monatshefte f. M. VIII, S. 25 ff. Vergl. hiezu Maiers Handschriftencat. S. 61, bezügl. Cod. 89,9 der Münchener Hof- und Staatsbibl.

[2] Münch. Rathsprotokolle 1534. S. 109.

[3] Monatshefte f. M. Bd. 11, S. 131; die Bedenken bezügl. der Identitität des Componisten und Münchener Kapellmitgliedes Sch. senior beseitigt das von mir aufgefundene Dokument.

1550, **sondern bereits 1539** ist er in bayerischen Diensten, vielleicht als direkter Nachfolger jenes »Maister Paulus«, dem wir 1514 zuletzt begegnet sind. Man hält ihn für den Componisten sowohl der 12 deutschen Lieder, die im Tenorheft von Heinrich Fink's »Schönen außerlesenen liedern« von 1536 mit J. S. bezeichnet sind, als vielleicht auch für den Autor von »Es wolt ein Maidlein Wasser holn«. Für letzteres Stück stehen freilich, vergleicht man die Quellen, Meister Johann's Chancen schlecht. In Ott's erster Sammlung 1534 (Nr. 62) ist das Stück mit L. Senfl bezeichnet, in den »Gassenhawer und Reutterliedlein« s. l. e. a. steht es überhaupt anonym, dagegen nennt Cod. 209 der Münchener Hof- u. Staatsbibl. Nr. 87) wieder L. S. = Ludwig Senfl als Verfasser. Erst n a c h Ott, 1535 und 1540 schreiben Egenolff (Reitterliedlin Nr. 10) und Forster (Der ander theil Nr. 23) Joh. Schechinger die Autorschaft zu.

Von den bei Fink enthaltenen Liedern habe ich einige in Partitur gebracht. Sie zeigen einige passable, sonst aber kleinlich unbeholfene (Ambros sagt: klägliche, Eitner: erbärmlich schwache) Züge, wie z. B. »Sag an hertzlieb was scheiden thut«.

Das k. k. Statthaltereiarchiv[1] Innsbruck verwahrt das nachfolgende Dokument vom 9. October 1539, aus dem wir entnehmen, dass Wilhelm IV. auf Ersuchen der Innsbrucker Regierung Schechinger gestattet hatte, sich auf kurze Zeit in die tirolische Hauptstadt zu begeben, mit Instrumenten, dem Regal und messingenen Posaunen, um daselbst eine mühsame und kostspielige »verdingte« Arbeit auszuführen. Vielleicht handelte es sich um Aufstellung einer Orgel (wenngleich Innsbruck wenigstens 1544 seinen eigenen Orgelmacher gehabt zu haben scheint[2], Anton Neuknecht, dem wir später wieder in München begegnen). Auch später erscheint Schechinger sen. als Empfänger von Geld »für Macherlohn etlicher Instrument«[3].

Von gottes genaden Wilhelm phallnntzgraue | bej Rhein Hertzog Inn Obern vnd Nidern Bayrn etc. |

Vnnsern gönnstlichen grues Zuuor. Wolgebornnen, Edlen, Hochgelerten. besonnder lieben. Nach- | dem wir yetzt auf eur Jungsts schrifftlichs Anhallten, vnd bitten, vnnsern Organisten. Vnnd | lieben getreuen Hannsen Schächinger Abgeuerttigt, vnd erlaubt haben sich mit den Innstrumenten. | Regal. vnnd etliche Messinen Pusaunen.

---

[1] Pestarchiv VIIIb. Nr. 36.
[2] An derselben Stelle Nr. 41: »Neuknecht Anton Orglmachers Forderung wegen der Arbeit auf dem Burgsaal dahier 1544.«
[3] Beilage I, 1551. S. 230a.

geen Innspruckh Zuuerfuegen, vermög der bestallung. | Die verdingt
Arbait Zum ennde Zuuerichten, vnnd sich Allspald widerumben Zu
seinem diennst | alher Zuuerfüegen. Hat er vnns vnnderthenigclich
gebotten. Ime ain genedig schreiben, damit | er In erwegung seiner
muehsamen Arbait vnnd vncosstens. der Ime daruber ganngen, |
dester genieslicher vnnd furderlicher Abuerttigung bekhomen möge,
mit Zetailen Wellichs | wir fueglich nit Abschlagen mugen. Vnnd
ist demnach an euch. vnnser genedig be: | ger. Ir wellet Ime Als-
pald er solliche Arbait verricht. Zum Ehisten widerumben anhaims
Ze: | Ziehen fürdern, vnd mit genediger Abferttigung In namen
Rhö. kho? Mt: dermassen hallten. | damit er diss unnsers fur-
schreibens, vnd bescheen werchs. oder Arbait genieslich befinde,
wie | vnns dann nit Zweifelt. Vnnd wir sollichs gegen euch in allen
genaden erkhennen wellen. | Dathum In vnnser Stat Munchen den
Neuntten tag octobris Anno etc. xxxviiij^{mo}.
[Rückseite:] Den wolgebornnen. Edlen. vnd Hochgelertn Vnn-
serñ | Besonnder lieben Stathalltern Regennten vnd Retn. | der Ober-
österreichischen Regierung Zu Ynnsprugkh. |
pm (praesentatum) 18. October A. 1539. |
Von hertzog wilhelmen | Organist schächinger. | ad camerä. |

Sodann lässt sich unter Senfl in der Münchener Cantorei ein
Junge nachweisen der es später zur Würde eines herzogl. bayer. und
dann herzogl. württembergischen Kapellmeisters gebracht hat, Ludwig Daser. Die Personalien Daser's waren — ich selbst habe dazu
beigetragen — in der letzten Zeit schwankenden Meinungen aus-
gesetzt; nunmehr lässt sich endlich über diesen Componisten etwas
sicherer berichten. Hier handelt es sich vorerst nur um die Stelle,
dass Daser »von Jugent auf bey vnnser fürstlichen Capelle«
gedient hat in einem Schreiben Herzog Albrechts V. von 1563. Sodann
erhellt — die Dokumente bringen wir im Folgenden im Zusammenhange —, dass er 1552 bereits Kapellmeister in München war.

Es ist billig, dass wir auch der Handlanger unserer Künstler wieder
nebenbei gedenken: 1533 zahlen der »Stat Zinßgelt« die »Saiten-
macher Linhart und Wolfgang«; 1541 erhält der Lautenmacher
Barthlme Merckhle das Bürgerrecht[1].

Ein weiterer Musiker im Dienste Wilhelms IV. war der vielseitige
Instrumentist Sebastian Hurlacher. Wir lernen ihn kennen aus
nachfolgendem auszugsweise mitgetheilten Dokument des k. Reichsarchivs:[2]

---

[1] Münchener Kammerrechnungen 1533. — Rathsprotok. 1541 S. 56.
[2] Reverse und Bestallungsbriefe bayer. Beamter. Fasc. II.

»1545 Sebastian Hurlacher puesawners Revers .... Wir Wilhelm ... Bekhennen hiemit disem offen Brieue für vns vnd vnnser erben, das | wir Sebastianen Hurlacher Busauner Zu vnnserm Diener sein lebenlanng bestellt vnnd aufgenomen | haben .... Allso das er vns mit dem Zynnckhen, Busaunen | pfeiffen geigen vnnd alles seiner khunst dienstlich vnd gewerttig .... vnnd wellen wir Ime sein lebenlanng vnnd aines yeden Jars aus vnnser Chamer zu München Achtzig gulden Reinisch | zu quottember Zeiten vnnd der yeder Zwaintzigkh gulden in Müntz bezalen, vnnd darzue ain | wintterkhlaid aus vnnser schneiderstuben oder für yeds khlaid vnnsers Hoffs geprauch nach geben drey gulden, | Auch Ime sonderlich die Lyferung Essens vnnd Trinckhens auff vnnser Tyrnnitz wie Bishero beschehen, auf | sein Ainige person volgen lassen ...«

Dieser Vertrag ist gegengezeichnet von Hurlacher mit dem Zusatz »mein aigen Handschrift« — eine derbkräftige Musikantenhand[1]. — Im folgenden Jahre 1546 ergiebt sich eine merkwürdige Erscheinung. Es findet sich nämlich ein Eintrag in den Rathsprotokollen: »Anna Hofsteterin Cantorin Zw vnnser lieben Frauen ist auff das geprauchlich gelübd Zw burgerin angenumen« — eine wenn zwar nicht einzig dastehende so doch vereinzelte Durchbrechung des »Mulier taceat in ecclesia«. Wie lange diese Sängerin verwendet wurde, vermag ich nicht anzugeben.

Andere Sänger und Instrumentisten aus Senfl's Zeiten ergeben sich endlich wie folgt.

Aus dem Todesjahr Wilhelms IV. 1550[2] ist uns, wie schon öfter erwähnt, ein Verzeichnis der Hofmusik erhalten. Dasselbe findet sich nach dem Original im k. Reichsarchiv[3], abgedruckt in Trautmann's gründlicher, vortrefflicher Arbeit »Italienische Schauspieler am bayerischen Hofe«[4]; der Wichtigkeit der Sache entsprechend möge

---

[1] Ein anderer Musiker gleichen Namens, Jacob Hurlacher, war über 40 Jahre Stadtpfeifer der Stadt Augsburg und wird 1597 mit Beibehaltung seines Gehalts pensionirt. Stadtarchiv Augsburg, Supplikat. der Stadtpfeifer Nr. 21 und 22.

[2] Herzog Ludwig war bereits 1545 unvermählt gestorben. An seinem Hofe in Landshut begegnen wir außer den schon Erwähnten in späteren Jahren (1539) nach einer von Westenrieder, Beiträge VI, S. 208, mitgetheilten Kammermeisterrechnung je einem Hoftrompeter, Posauner, Trumelslaher und Paucker mit 45, 24, 12 und 45 fl. Gehalt. Später taucht auch »Liendl« wieder in Landshut auf. In einem Verzeichnis der »abgeschafften Gnadengelder« dortselbst (Reichsarchiv Fürstens. II. Spec. Lit. C., Fasc. XXVIII, Nr. 362) findet sich der Eintrag »Liendel Pfeiffers gnadengellt ist ab 13 fl.«.

[3] Fürstensachen II, Spec. Lit. C, Fasc. XXVIII, Nr. 362.

[4] Jahrbuch für Münchener Geschichte Bd. I, S. 283f.

dasselbe hier ganz wiedergegeben werden —; einzig Cornelius könnte vielleicht ein Ausländer sein. Sonst begegnen uns nur deutsche Namen.

»Beschreibung vnd vnnderschidliche verzaichnus aller vnnd yeder personnen der fürstlichen hofhaltung zu München, der allten vnnd neuenuest, so. weiland der durchleuchtig . . . herr Wilhelm pfalltzgraue bei Rhein etc. hochloblicher seliger gedechtnus bis in seiner F. G. absterben mit lifferung, besoldung, costgelt, klaidung vnnd prouision erhalten vnnd fursehen«. »Cantorej vnd instrumentisten souill derselben besoldung haben«. »Capelmaister[1] hat järliche besoldung aus der renntstuben nemlich 60 guld.; costgelt auch aus der renntstuben 25 guld.; an korn 3 schäffl; holz 12 fueder; ain klaid vnnd den opferguld.; Item mer hat er 24 knaben in der cost, wirdt ime auf yeden pueben d(a)s jar aus der renntstuben geben 16 guld., es werden auch gemellte pueben alle jar claid vnnd beschuecht. — Herr Hanns Ziegler[2]. Ist seine jarliche Besoldung 20 guld.; costgellt 25 guld.; ain claid; den opferguld. — Hans Schächinger hat järlich aus d(er) renntstuben vermög ainer verschreibung 100 guld.; mer 12 schäffl korn; 1 claid; den opferguld. (hat zwo abschrifft seiner Verschreibung vbergeben mit L. L.). — Cornelius. Järlich fur sold vnnd costgellt aus der renntstuben 100 guld.; 1 claid; den opferguld. (hat khain versch[reibung]). — Wassermann. Ist sein jarliche besoldung in der renntstuben 28 gld.; costgellt 25 guld.; ain claid: den opferguld. (hat khain verschreibung). — Bastian Hurlacher pussauner. Hat ain verschreibung vmb 50 guld.; sumer vnnd winder claid; den opferguld.; den tisch. (hat ain copei seiner verschreibung[3] vbergeben, signirt mit M.). — Bastian Behaim pussauner. Ist sein besoldung jarlich aus der renntstuben 60 guld.; den tisch; zwai claider: den opferguld. (hat khain verschreibung). — Greiorgi geiger. hat järlich aus der rentstuben zu besolduung laut ainer verschreibung 16 guld.; ain claid; den tisch; den opferguld. (hat der verschreibung[4] copi vbergeben, bezeichnet mit N). — Hanns Rauch zinckhenplasser. Sein jürlich besoldung 50 guld.; zwai claider; den tisch; den opferguld. (dinent 20 jar). — Franntz Reiff pussauner. Hat jährlich besoldung 60 guld.; zwai claider; den tisch; den opferguld. (diennt 15 jar). — Hainrich Hainntzl alltist. Hat jarlich

---

[1] Wie wir gesehen haben, fehlt hier der Name wegen Wolfg. Fünnckl's Tod.
[2] Derselbe war früher in der Cantorei Herzog Ulrichs von Württemberg. Sittard a. a. O. S. 6.
[3] Unser obenerwähntes Dokument S. 31.
[4] Desgleichen S. 15.

fur costgellt 25 guld.; ain claid; den opferguld. — Siluester Koch.
Hat jarlich costgellt 25 guld.; ain claid; den opferguld. — Herr
Lucas. Jarlich fur costgellt 25 guld.; 1 claid; den opferguld. —
Peter Steidl. Hat jerlich besoldung 52 guld.; costgellt 25 guld.;
1 claid; den opferguld. — Caspar Pürckhl. Sein besoldung jar-
lich 24 guld.; costgellt 25 guld.; 1 claid; den opferguld. — Hanns
Vogl. Hat järlich zu besoldung 50 guld.; den tisch; 1 claid; den
opferguld. — Herr Wolfganng Karman. Ist bestellt auf wider-
rueffen jarlich zu besoldung 40 guld.; 1 claid. — Trumeter 11 Mann
Anton Stumpf, Sebast. Steurer, Siegmundt Leyrer, Steffan Lehner,
Augustin Kistler, Ruedl Erber, Paul Marqwart, Lucas Kolhach,
Silvester Makh, Jörg[1] Pauckher, Ludwig Trummeter).«

Die Überschrift »Beschreibung . . aller personen . . so . . Herr
Wilhelm . . bis in seiner F. G. absterben . . erhalten« ist wohl
zu beachten. Wilhelm IV. schied am 6. März 1550 aus dem Leben.
Wenige Monate später zeigt die Cantorei bereits ein verändertes Bild.
Ausgetreten sind nämlich (der Priester) Herr Hanns Ziegler, Cornelius, Bastian Behaim, Greiorgi, Hainrich Hainntzl, Siluester Koch,
Herr Lucas, Caspar Pürckhl, Hanns Vogl, (der Priester) Herr Wolfgang Karman. Wir erkennen unter diesen Greiorgi (Gregor Crafft)
und Herrn Lukas (Lukas Wagenrieder) als alte Bekannte von 1520
und 1536 wieder. Aber die andern Cumpane mit ihnen, Karman natürlich ausgeschlossen, geben uns einigermaßen nachträglich
eine Übersicht von Senfl's alter Kapelle. Denn nicht die
jüngeren und tüchtigeren Elemente derselben wurden naturgemäß
entlassen, sondern die älteren, verbrauchten; andere ältere Mitglieder
waren selbstverständlich auch geblieben, wie Hans Rauch, der also
schon seit 1530, Franz Reiff (s. S. 34 Anm. 4), der seit 1535 der Capelle
angehört; ihre Kräfte waren wohl noch frischer als die Wagenrieder's
und Krafft's.

Albrecht V. ist geboren 29. Februar 1528. 1546 vermählte er
sich mit einer österreichischen Prinzessin, Anna, des Königs Ferdinand
Tochter.
»Zwei Richtungen beanspruchen in der Regierung dieses Fürsten
besondere Aufmerksamkeit, namentlich weil Albrecht in beiden seinen
Nachfolgern und dem Lande die Entwickelung vorgezeichnet hat.

---

[1] Er heisst Georgh Hackh, wie sich für dieses Jahr schon aus einem Eintrag
seine Tochter betr. in den Münchener Rathsprotokollen 1550 zeigt.

Es ist Albrechts persönliche Neigung zu den Künsten, zu Pracht und Aufwand, dann seine Stellung in der großen kirchlichen Zeitfrage«[1].

Die erste musikalische Nachricht aus der Umgebung dieses Fürsten findet sich 1548, da er als Thronfolger in Landshut residirte. In seinem Hofstaat figurirt daselbst Hanz Schweitzer »Trumeter oder Pusauner«[2]. Derselbe wird 1550 Instrumentist in der Münchener Kapelle.

Gegen 16 Musiker und 11 Trompeter Wilhelms IV. finden wir bei Albrecht V. jetzt 19 Musiker (12 Singer, 7 Instrumentisten); dagegen sind die Cantoreiknaben auf die Hälfte und die Trompeter zu Beginn der Regierung zunächst auf nur 5 verringert. Gegenüber dem Register des alten Bestandes finden wir nunmehr sowohl den Namen des mittlerweile ernannten Kapellmeisters als die Stimmgattung der Sänger erwähnt in dem »Verzeichnus aller vnd Jeder personen vnnd Diener besoldung welche ... Hertzog Albrecht In Bayrn etc. bestelt vnd aufgenomen«[3].

Cantorey vnnd Instrumentisten.

Capellmeister Maister Andre Zauner für sold vnd Lüfrung 100 gld. Mer von Zwelf knaben für die lüfrung für ainen das Jar 18 gulden thuet 216 guld. Ime Capellmaister 1 klaid yedem knaben auch ein claid.

Bassisten.

Herrn Matheus Hatdner für sold vnd Lüfrung 100 guld. Ain claid.
Anthonj Wennger für sold vnd Lüfrung 85 guld. Ain claid.
Peter Steidl   »   »   »   »   90 »   »   »

Thenoristn.

Lienhard pueler für sold vnd Lüfrung 90 guld. Ain klaid.
Ludwig Daser[4] Allain für die Lüferung 35 guld. Ain klaid.
Lamprecht pamhaur für sold vnnd Lüferung 57 guld. »   »
Sigmundt Khrad Thenorist vnd d(er) Canthorej knaben preceptor für sold vnd Lüferung 66 guld. Ain klaid.

---

[1] Riezler in der Allg. Deutschen Biographie.
[2] k. Reichsarchiv, Fürstens. a. a. O. Nr. 362.
[3] k. Reichsarchiv Hofstaat Albrecht V. (1550—60).
[4] Dass Daser hier erwähnt ist, dagegen im vorigen Verzeichnis des Jahres fehlt, bildet für seinen Biographen u. a. noch eine Schwierigkeit 's. S. 42); doch sei hier bemerkt, dass wir z. B. in vorliegendem Verzeichnis auch nur den jungen, gleichfalls lange Jahre der Hofmusik angehörigen Schechinger antreffen, während doch im vorhergehenden und auch 1552 wieder Hans Schechinger der Aeltere in der Kapelle verzeichnet ist. Ebenso fehlt Franz Reiff, ist aber 1552 wieder verzeichnet.

Altisten.

Hainrich Schweninger für sold vnd Lüfrung 100 guld. Ain claid.

Lienhardt Wassermann für sold vnd Lüfrung 53 guld. Ain claid.

Instrumentistn.

Jacob Schram Luttenist allain für die Lüfrung 35 guld. Ain claid.

Hanns Schweitzer von Lanndßhuet pusauner für sold vnd Lüfrung 100 guld. Ain claid.

Hanns Rauch Zinckhenplaser f. S. u. L. 85 guld. Ain claid.

Sebastian Hurlacher f.. S. u. L. 105 guld. Zwej claider oder
derfür 6 fl.

Hans Schechinger d(er) Jung orgenist für sold auch für sich
vnnd ainen knaben für die Lüfrung 132 guld. Ain claid.

Melchor Rauch Zinckhenplaser für sold vnnd Lufrung 125 guld.
Ain claid.

Trumetter vnd pauckher.

Pauls Marquart trumetter f. S. u. L. 37 guld. Ain claid.

Steffan Lehner
Siluester Magkh } f. S. u. L. 37 guld. Ain claid.
Hainrich von Lanndshuet

Georg Hagkh paukher f. S. u. L. 52 fl. Ain claid.

Mit dem folgenden Jahre 1551 beginnen endlich die Hofzahlamtsrechnungen — unsere Beilage I. Leider enthält auch der erste
Jahrgang derselben kein »Quatemberbuch«[1] mit Rechnung der regel-
mäßigen Gehälter und in Folge dessen mit Personalverzeichnis; sodann versiegt 1552 die Quelle wieder auf fünf Jahre. Doch besitzen
wir glücklicherweise in den Fürstensachen des Reichsarchivs wert-
volles Material, das die Lücke zum Theil ausfüllt.

In eben diesem Jahre 1551 war die Cantorei bereits auf 26 Personen gewachsen; und von nun an vermehrte sie lange Zeit Albrecht V.
Jahr für Jahr, ungeachtet seiner wenig günstigen Finanzlage, ungeachtet der fortwährenden Klagen der Stände[2]. Sie erreichte ihren
Höhepunkt 1569, wo nicht nur Albrecht V. in München, sondern
auch sein Sohn Wilhelm zu Landshut seine Hofmusik hielt, beide
zusammen mit einem Personal von 61 Köpfen. Mag sich auf anderen
künstlerischen Gebieten der Ruhm dieses Fürsten allmählich als ein

[1] Die fürstl. Zahlmeister schreiben stets »Quottember«, — das Fehlen dieses
»sondern Nebenpucchs« ist auch in der Folge misslich. Herr Dr. Trautmann hat
auch im Landshuter Archiv, dem eigentlichen Aufbewahrungsort der Rechnungen,
vergeblich darnach gesucht.

[2] Freyberg, Gesch. der bayer. Landst. II. S. 376, 383, 385, 391, 403, 412.
Weitere äußerst interessante Belege, die Riezler jüngst beigebracht, verwerthen wir
im zweiten Buch.

mehr oder weniger eitler herausstellen, mag unsere nüchterne Zeit
die ungeheuren Summen, welche die Musik damals in Bayern ver-
schlang, als Symptome einer übel verschwenderischen Verwaltung
brandmarken, der Musiker wird nicht aufhören Albrecht V. zu rühmen
als den Mann, der Bayern zum Schauplatz jenes mit Rom höchsten
Aufschwunges gedeihen ließ, der sich hier in Orlando di Lasso, dort
in Palestrina verkörpert. Dieser Thatsache gegenüber ficht uns
wenig an, ob sie in reinen künstlerischen Interessen des Herzogs oder
musikfreundlicher Mode und der Prunksucht oder noch anderen Mo-
tiven ihren Ursprung hatte. Auch setzte sich Albrecht V. selbst auf dem
Papier Grenzsteine für die Ausgaben seiner Hofkapelle schon zu Anfang
seiner Regierung wie z. B. aus einem Dokument von 1552 hervorgeht[1]: nachdem ». . groß Ausgaben vnnd vnordnungen in vielerlaj
weg befunden vnd vnns derselben in vnnderthenigkeit bericht, haben
wir für ain hohe vnd vnuermeidliche notdurfft bedacht, in demselben . . .
souil möglich wenndung fürzunemen«; und es wird zum Grundsatz
aufgestellt, in die »Cantorey solten allenhalben sampt Organisten vnnd Instrumentisten vber 33 Personen nit sein
noch aufgenommen werden«[2]. In der Ausführung aber kam es
anders.

Wir müssen nun die innere Organisation der bayer. Hof-Kapelle
von damals — deren Grundzüge sich nach Jahrhunderten heute noch
erkennen lassen — kurz[3] in's Auge fassen.

Vorstand des Ganzen war der »herzogl. bayr. Capellmeister«.
Anfänglich hatte man nämlich nur einen Leiter der Kapelle; erst 1569
erscheint ein oberster und ein »Unter«-Kapellmeister. Die Aufgabe
des Chefs war nicht nur die musikalische Leitung, die Beschaffung
des Notenmaterials (»Schreibung der Cantoreibücher«, welche er an-
anordnete, überwachte und honorirte), das Engagement von Singern
und Instrumentisten, die er auf oft weiten und kostspieligen Reisen
für den Hof gewann, sondern auch die Erziehung eines tüchtigen
musikalischen Nachwuchses in Gestalt der Cantoreiknaben. Der
Gehalt bestand, wie wir gesehen haben, in der eigentlichen Besoldung,
einem Kostgeld, da die Bediensteten des Hofs sonst meist bei Hofe
selbst gespeist zu werden pflegten, sodann anfänglich noch in Reich-

---

[1] Reichsarchiv Fürstens., a. a. O. Nr. 362 »Neuer Stat«.
[2] Ebenda »Yetziger Stat 1552«.
[3] Ausführlichere Details (auch über die Beschaffung des »Cantoreigeld's«
aus den bayerischen Klöstern u. s. w.) bringen wir an den einschlägigen Stellen
im weiteren Verlauf der Darstellung. Es liegt im Wesen der Sache, daß die
Münchener Organisation im Großen und Ganzen dieselbe Physiognomie aufweist
wie anderwärts zeitüblich.

nissen an Korn, Holz, einem »Kleid« und dem Neujahrs-Gulden. Kostgeld und die Abgaben in Naturalien wurden schon 1550 bei fast allen Mitgliedern unter dem »Liefergeld« auf eine Summe in Baar vereinigt, mit Ausnahme des Kleids. Letzteres wie den Neujahrsgulden erhielten anfänglich alle Kapellangehörigen gleich ihrem Meister; allmählich wurde aber das »Kleid« eine besondere Bevorzugung und wurde der Neujahrsgulden abgeschafft.

Die Erziehung der Cantoreiknaben muss in der Tätigkeit des Kapellmeisters eine große Rolle gespielt haben, denn die Jungen wohnten bei ihm im Hause. Der Hof trug für die heranwachsenden Sänger und Musiker die Kosten der Nahrung wie Kleidung, zahlte auch die Beträge, die aus der Krankheit Einzelner erwuchsen. Lasso wurden die Knaben allerdings später vom zweiten Kapellmeister Fossa abgenommen. Dass aber er wie Letzterer die langen Jahre, in denen Beide dieselben im Hause hatten, Muße und Ruhe zum Componiren fanden, ist ein Zeichen einer gesunden Zeit.

Die Cantoreiknaben erhielten aber nicht bloß ihren musikalischen sondern auch allgemeinen, humanistischen Unterricht. Hiezu war eigens ein Schulmeister, eben der »Preceptor« bestellt. Lateinisch lernten Alle; im übrigen bildete Kenntnis der heiligen Schrift und des klassischen Alterthums die Hauptpunkte des Programms, wie auch nahezu jede Vorrede eines damaligen Componisten beweist[1]. Den Zusammenhang mit den Gebildeten ihrer Zeit, der dem heutigen Musiker, wenn sich dies auch in den letzten Tagen gebessert hat, doch noch meistens fehlt, hatten die Tonkünstler des 16. bis in's 18. Jahrhundert herauf vor ihren späteren Collegen voraus.

Das Auftreten der Castraten, der »verschnitnen Knäblein« fällt in spätere Jahre des Jahrhunderts. Ich komme zu seiner Zeit auf diese schändliche Einrichtung, die eines Tags in der Münchener Kapelle lange vor den italienischen Opernsopranen stark im Schwang war, zurück.

Die Mitglieder der Kapelle zerfielen in Sänger und Instrumentisten. Unter ersteren finden wir Altisten[2], Tenoristen und Bässe, letztere sind in Organisten, Geiger, Zinkenblaser, Posauner und Lautenisten ausgeschieden. Andere Bezeichnungen finden sich

---

[1] Wir werden in der Folge den Wortlaut der Instruction für den Präceptor der Cantoreiknaben 1563, der sich in Cod. germ. 1962 der Münchener Hof- und Staatsbibliothek findet, mittheilen.

[2] Den Discant und Alt sangen bekanntlich Falsettisten und Knaben, in München den Discant jedenfalls vorzugsweise Knaben; die aus der früheren Besetzung resultirenden Klangwirkungen darf man bei den alten Meisterwerken nie aus dem Gedächtnis verlieren.

selten. Die Gehalte bewegten sich wohl in einem gewissen Durchschnittsmaß, steigen aber über dasselbe auch oft beträchtlich hinaus, wenn eben das betreffende Individuum nicht billiger zu bekommen war. Außerdem flossen reichlich Gnadengelder, Hochzeitsgeschenke, ja Gelder zum Hauskauf in die Taschen der Künstler.

Mit der Verwaltung der Instrumente war ein hervorragender Instrumentist betraut; die Unkosten »so über die Instrument gangen« spielen in den Rechnungen des fürstl. Hofhalts eine große Rolle.

Schon frühe findet sich ein »Kalkant«, als Diener des ganzen Instituts. Geistliche unter den Kapellmitgliedern waren nicht selten. Dem religiösen Sinn Wilhelms V. entprechend finden sich die meisten in den achtziger Jahren.

Außerhalb des Bereichs der Cantorei stehen Hoftrompeter und Pauker[1]. Man unterschied berittene und unberittene Trompeter. In der Regel hatten sie den Tisch bei Hof, wo sie nach demselben Speisenzettel wie die Capläne, Fouriere, reitenden Jäger, Falkner, Handwerksleute, Büchsenmeister und Stallknechte gespeist wurden[2]; hier betheiligten sich auch jene wenigen Cantoreimitglieder, »denen das Lüfergeld nit gegeben wirdet«; das Lokal war »auf der Dürnitz«[3], gespeist wurde »auf dem Zinn«, gereicht »5. maß wein« (pro Kopf?).

Das Haus der fürstlichen Hofkapelle ist gleichfalls bekannt in Gestalt des »fürstlichen Cantoreihauses«. Dasselbe stand an der Ostseite des heutigen »Plätzchens« vulgo »Platzl«, in alter Zeit »Graggenau« geheißen, nicht weit vom alten Graggenauer- oder Wurzerthor, später auch Kostthor genannt, auf einem Theil des jetzt von dem kgl. Hofbräuhaus — die Geschichte scherzt wohl auch einmal — eingenommenen Complexes[4]. Vor dem Hofe producirte sich die Kapelle einmal in der Kirche, der 1253 von Ludwig dem Strengen erbauten Hofkirche zu St. Lorenz (die Kaiser Ludwig der Bayer mit einem Chor versehen hatte). Hier war jeden Morgen gesungenes Hochamt, an Sonn- und Festtagen wenigstens 2 Stunden während.

_____

[1] Die Organisationen ähneln sich auch hierin, soweit bekannt, ungemein, cf. z. B. Sittard, a. a. O., S. 6.

[2] Reichsarchiv Fürstensachen a. a. O. Laut dem Heft »Neuer Stat« daselbs aßen 1552 hier bei Hof mit von den Cantoreipersonen Aemilius, Wolf Daser und Holdt.

[3] Häutle, Chr., Geschichte der Residenz in München. Leipzig 1883 S. 27 »die große Turnitz«, welche der Zeit nach nur in Betracht kommt.

[4] Destouches, E. v., Neue Mittheilungen zur Topographie Münchens. Münchener Jahrbuch 1890 S. 446.

Sodann musicirte man natürlich bei der Tafel, wie uns dies Alles Massimo Trojano erzählt; endlich (später) in dem 1558—62 erbauten »neuen großen Saal« der neuen Veste[1]. Auf den Abbildungen zu Wagner's Hochzeitsbeschreibung von 1568 ist hievon ein getreues Bild zu sehen[2]. Nach den noch vorhandenen alten Bauplänen[3] umfasste die ganze damalige Neuveste (und mit ihr unser »Conzertsaal« eingeschlossen) kaum den dritten und zwar den nordöstlichen Theil des jetzigen Küchen-Hofes der k. Residenz.

Andreas Zauner scheint sich als Kapellmeister nicht besonders ausgezeichnet zu haben, denn seine Amtsthätigkeit war von kurzer Dauer. In einem Verzeichnis von 1552[4] »Yetziger Stat« heißt es noch »100 fl. Anndree Zauner Capellmaister«; im Verzeichnis des gleichen Jahres »Yetziger vnnd neuer Stat« steht der gleiche Eintrag; derselbe wurde aber später, wie die Tinte beweist, gestrichen und durch »fl. 150 Ludwig Daser Cappellmaister« ersetzt. Dies scheint für eine unvermuthete Abdankung zu sprechen. Das höhere Alter und »Leibs Schwachheit« passt jedenfalls auf Zauner nicht, denn er blieb noch lange in der Kapelle, erhielt sodann Gnadenbezüge und starb erst nach 23 Jahren, nach »Quotember vasten 1577«[5].

Ludwig Daser hatte auf einmal eine rasche Carrière gemacht. Im vorigen Jahre 1551 bezieht er noch keinen Gehalt, nur 35 fl. Liefergeld; im Heft »yetziger Stat« 1552 ist er angesetzt mit einer Besoldung von 60 fl. und avancirt im selben Jahre zum Kapellmeister mit 150 fl. Gehalt. Auch ohne Ansehen der Persönlichkeit erblickt man in den steigenden Gehältern die zunehmende Bedeutsamkeit der leitenden Stellung.

Daser hat, wie angedeutet, den Musikhistorikern zu schaffen gemacht. Man fand ihn als bayerischen wie württembergischen Kapellmeister vor und wusste nun nicht recht, wohin er eigentlich gehörte. Die Einen behaupten, er sei von Stuttgart nach München, Andere er sei von München nach Stuttgart gekommen. Eine dritte Meinung endlich entschied sich dafür, der bayerische und württembergische Kapellmeister seien zwei verschiedene Personen; so urtheilte

---

[1] Häutle, a. a. O., S. 8. Beilage 1 1560, S. 364.
[2] Kurtze doch begründete beschreibung etc. München bey Adam Berg 1568, auf die wir s. Zt. zurückkommen.
[3] Häutle, a. a. O., S. 9.
[4] Reichsarchiv, a. a. O.
[5] Beilage I, 1577 S. 188.

Kade[1] aus Wahrscheinlichkeitsgründen, Verfasser aus Einträgen in die Hofzahlamtsrechnungen, die 1577—83 lauteten (Leibgeding)· »Herrn Ludwig Daser gewester Kapellmeister allhie« und einem andern Eintrag an selber Stelle »dem jungen Daser, dieweil er nach Würtemberg verzogen«. Auf diese Mittheilungen hin rectificirte Sittard in seinen »kritischen Briefen« über die Wiener Musikausstellung[2] die in seiner Geschichte der Musik am württembergischen Hofe gemachten Angaben über Daser, welche er durch Auffindung des Todestags[3] bereits gut fundirt hatte. Man wird zugeben, dass die Stellen in den Hofzahlamtsrechnungen[4] unter normalen Verhältnissen nicht anders gedeutet werden konnten, als: »Daser senior, der frühere Kapellmeister in München, verzehrt daselbst sein Gnadengeld; ein Daser junior ist nach Württemberg ausgewandert; mit ihm, nicht aber Daser senior muss der dortige Kapellmeister identisch sein«. Diese Ansicht begründete sich außerdem noch durch die sonst sehr schätzbaren Mittheilungen Massimo Trojano's[5], dass Daser wegen vorgerückten Alters pensionirt worden ist.: .. *guidaua la Capella . . . l'excellente Lodouico d'Asero, virtuosissimo certo, che molte delle suo opere hò vdito cantare nella Capella. Dopo il corso di quattro anni*(!)*il sudetto Lodouico, perche si ritrouaua nella età, c h e p i ù i l r i p o s o c h e l i f a s t i d i r i c e r c a* (!) *dimando gratia al Prencipe di vscire dal seruitio. Còn quel premio, che la sua fida et a n t i c a s e r u i t u m e r i t a u a, e così li fù concesso, che senza seruire tirasse da la Ducale Camera il solito salario et hoggidi, con ogni sua pace, e contento il possede.*

Durch einen Zufall, die Freundlichkeit von Frau E. Sandberger in Stuttgart und des Herrn Oberamtsrichters Daser in Kirchheim an der Teck gelangte ich nun in den Besitz von Dokumenten, welche wenigstens die Personalfrage endgültig lösen dürften. Nämlich 1) Auszüge aus dem Daser'schen Stammbaum. 2) Wappenbrief für L. Daser's Vater Achazius. 3) Brief Albrechts V., in dem Daser seines Amts entbunden und mit einem Gnadengehalt entlassen wird. — Endlich fand ich aber auch im k. Kreisarchiv München Briefe Daser's aus Stuttgart und weitere Nachrichten, welche die Übermittelung des dem Künstler vom Herzog gewährten Gnadengelds nach Stuttgart erweisen. Die Archivalien gehören zwar späteren Jahren Daser's zu, sollen aber doch, um die Persönlichkeit des Kapellmeisters klar-

---

[1] Die ältere Passionskomposition bis zum Jahre 1631. Gütersloh 1891 S. 38 Anm.
[2] Hamburg 1892 S. 41.
[3] 27. März 1589, a. a. O., S. 23. Beilage I, 1589 S. 199 a.
[4] 1577 S. 188. 1578 S. 310. 1579 S. 179 a u. s. f.
[5] Discorsi, *Monaco appr. Adama Montano* MDLXVIII, S. 64.

zustellen, bevor wir mit den Schicksalen der Kapelle weiterfahren, hier
Platz finden.

Ludwig Daser's Jugend führt uns in die ungeheure Bewegung
des kirchlichen Lebens, die Luther's Thesenanschlag an der Witten-
berger Schlosskirche hervorgerufen hatte. Des jungen Musikers
Vater Achacius war Mönch im Salzburgischen gewesen [1]. Nun verließ er wie Hunderte und Tausende seinen Orden, bekannte die neue
Lehre und heirathete. In München scheint Achacius festen Boden
gefasst und die Gunst des Hofes gewonnen zu haben, denn der Herzog
verlieh ihm 1556, dem Jahre des Münchener Landtags, in dem die
Religionssachen für Angelegenheiten des Reichs erklärt, aber das
Abendmahl *sub utraque* und der Fleischgenuss an Festtagen bewilligt
wurden [2], den nachfolgenden Wappenbrief:

»Von Gottes Gnaden Wir Albrecht, Pfaltz Graue bey Rhein,
Hertzog im obern vnd niedern Bayern etc. bekhennen alls regieren-
der | Fürst vnd thuen khunt gegen allermeniglich mit diesem offen
Brieff, wann Wir aus angebohrner Guette vnnd Miltig- | kheit alle
vnnd yegliche vnnsere Vnderthanen, vnd zuuor an die, so sich in
Tugenden, vnnd guetten erbern redlichen Sachen yeben yederzeit |
zu fürdern vnnd zu begnaden genaigt, vnd schuldig seyen. So haben
Wir zu Erzaigung desselben Vnnsers MitBurgers allhie, Achacien
Daser | Redlichkeit, Erbarkeit guet Sitten vnnd Tugenet, damit Er
Vns durch Erbar Leuth beruembt wierdet angesehen, vnnd darumben
mit wolbedachten | Muet vnd rechter Wissen, denselben Achacien
Daser vnd alle seine eheleibliche Manns-Erben von seinem
Namen vnnd Stamm geborn mit ainem | Clainat vnnd Wappen, als
das in diesem Brieff von Schüllt Helm vnd Farben sichtiglich aus-
gestrichen vnnd gemalet ist, in Crafft diß Briefs begabt | vnd be-
gnadet, verliehen vnd gegeben. Vnnd ist solches Wappen allso gestellt, nemlichen ainen Schillt vom obern vördern biß zum vnndtern
hindern | Ortt schregs abgelait, das vnndter Tayl plaw oder Lasurfarb,
das ober Gelb oder Goltfarb. Im Plawen ain Gelber oder Goltfarber
Sechszinckter Stern, | vnnd in dem Gelben oder Goltfarben ain
Plawer oder Lasurfarber Sechszinckter Stern erscheinet, auf dem
Schilt ain Stechhelm mit Plawer vnd | Gelber Helmdeckh gezieret;
darauf ain gewundtner vnnd fliegender Pausch von angeregten Farben,
daraus ain Flügel oder Sachsen, auch mit beruerten Farben vnd
Sternen wie vnnden im Schillt angezaigt, gleichfalls abgetheilt.

----

[1] Stammbaum im Besitz von Frau E. Sandberger in Stuttgart und Bauinspektor
Daser in Kirchheim a. d. T.
[2] Jungermann, Albrecht V. München 1843 S. 30.

Verleichen vnnd geben Ihme auch das alsoaus Fürstlicher | Macht
wissentlich vnnd in Crafft diß Brieffs vnd das nun füran in ewig
Zeit obgemelter Daser, seine Erben vnnd derselben Erbens- | Erben,
das berürt Wappen vnnd Clainat haben, fueren vnnd sich der in
allen vnnd yeglichen verlichen redlichen Sachen vnnd Geschäfften
zu | Schimpff vnnd Ernnst in Streitten, Stürmen, Khempfen, Ge-
stechen, Gefechten, Velldtzügen, Paniern, Gezelten, Aufschlagen, Innsieg-
len, Pedtschafften, Klainatern, Begrebnußen, vnnd sonst an alle Endern
vnnd Gerichten nach Ihren Eeren vnnd Notturft willen vnnd Gefallen,
alls sich zu solchem gepürt, vnnd fromen Erbern redlichen Leuthen
wohl zuesteet vn allermeniglichs Irrung vnnd Hindernuß gebrauchen
vnnd | on Geuerde, doch anndern die iu solchermassen vor gewappnet
wären, an Ihren Wappen vnschedlich vnd vnuergriffenlich. |
Dess zu wuren Vrkhundt vnnd ewiger Gedüchtnuß haben Wir
mergemelten Achacien Daser diesen Brieff mit vnnserm | anhängen-
den Secret Innsigl besigelt. Geben in Vnser Stadt München an
Mittwoch nach Exaltationis Sanctä Crucis | den Sechtzehennden Tag
des Monats September. Nach der Gepurt Christi vnnseres Lieben
Herrn vnnd Seligmachers, Als man | zallt Tausend Fünffhundert
Funfzig vnnd Sechs Jare. | «

[Folgt das Wappen Daser's, zwei sich gegenüberstehende Sterne,
jeder in eigenem Feld, wie beschrieben.]

»Dass diese Abschrift mit seinem wahren, unverletzten und be-
sigelten Original-Privilegio, von Wort zu Wort übereinstim- | mend
erfunden worden seye, bezeuge nach vorheriger accurater Collation
unter Vortruckung meines gewohnlichen Notariats Signets aigenhändig.
Schorndorff d. 12. Maii a. 1787.

L. S.   Ich Johann Jakob Reichert
                           Not. Caes. publ. jur.«

Ludwig Daser's Fehlen im Hofstaat Wilhelm's IV. 1550 kann
verschiedene Gründe haben. Vielleicht war er gleich Schechinger
und Reiff vorübergehend beurlaubt: vielleicht am Hofe des Thron-
folgers zu Landshut. Das Wahrscheinlichste ist, denn das Verzeichnis sagt ausdrücklich Cantorej vnnd Instrumentisten souill derselben besoldung haben, dass Daser unter Wilhelm IV. nicht
einmal das Liefergeld bekam, sondern erst unter Albrecht V., dass
also auch keine Gelegenheit bestand seinen Namen zu verzeichnen.

1552 bis — ein anderes Datum ist nicht gut möglich — 1563
führte unser Meister die Leitung der Münchener Kapelle. Ob er in
letzterem Jahre wirklich wegen seines körperlichen Zustandes weichen
musste, oder dem Genie Orlando di Lasso's, oder der Kirchenpolitik

Albrechts V. [1], vermag ich nicht zu sagen. Vielleicht wirkte Alles zusammen. Wie wir sehen werden, gehörte 1552—57 der herzogl. Kapelle auch ein Wolf Daser an, 1558 ist derselbe herzogl. Fischmeister [2]. Ob er etwa ein Bruder Ludwig's war und wieder zur alten Religion zurückkehrte, lässt sich vorläufig nicht nachweisen. Thatsächlich finden sich Bedienstete Namens Daser, wohl mit Wolf zusammenhängend, bis Ausgang des Jahrhunderts am bayer. Hof und heute noch existiren zwei Zweige der Familie gleichen Namens, ein bayerischer katholischen, ein württembergischer protestantischen Bekenntnisses.

Daser's Austritt vom bayerischen Dienst war jedenfalls ein ehrenvoller und friedlicher. Hierfür zeugen außer Trojano's Angaben das mehrgenannte Dokument von 1563 und des Künstlers Briefe [3], die wir nunmehr folgen lassen; ganz klar liegt freilich sein Leben noch nicht vor uns.

Dies muss uns noch kurz beschäftigen. In seinem Brief vom 24. Mai 1576 nennt Daser München sein Vaterland.

Er ist also geboren nicht etwa zur Zeit, da sein Vater noch Mönch im Salzburgischen war — was ja auch nichts allzu Ungewöhnliches in der fraglichen Zeit wäre — sondern nach dem Wegzug desselben aus dem Erzbisthum. Die Jahresgrenze hiefür sind frühestens die zwanziger Jahre [4]. 1563 aber heißt Ludwig ein Mann von abgenommenen Kräften und Leibsschwachheit, der sich in einem Alter befindet, das mehr die Ruhe aufsucht als die Arbeit. Dies sagen anscheinend vortreffliche Zeugen: ein fürstliches Dekret und Massimo Trojano [5].

Sieben Jahre vorher aber lebt der Vater des Beschriebenen noch, er selbst arbeitet aber gar noch 26 Jahre bis 1589 und versieht in Stuttgart in höherem Alter Geschäfte, die ihm in München in

---

[1] Trotz der Erklärung von 1556 war der Gebrauch des Kelches in Bayern behindert; auf dem Landtag zu Ingolstadt 16. März 1563 verspricht Albrecht V. vorbehaltlich der Entscheidung des Trienter Concils denselben zu gestatten, doch nur während der Messe nach abgelegter Beichte und ohne Ärgernis der Übrigen. 1569 wird derselbe dann ganz abgestellt und bis 1571 in ganz Bayern die alte Religion wieder restituirt. Jungermann, a. a. O., S. 62 ff., 102 ff.

[2] Beilage I 1558 S. 597.

[3] Auch die Aufführungen seiner Werke bei der Hochzeit Wilhelms V. 1568. Trojano, a. a. O., S. 83 u. A.

[4] Das erste Mandat gegen die neue Religion in Salzburg erließ die Landeskirchenversammlung 1524. Zillner, Salzbg. Kulturgesch. 1871 S. 233.

[5] Auch nennt das Dekret von 1563 und Daser sich selbst in besagtem Briefe von 1576 einen »alten« und einen »alten armen Diener« der bayer. Herzoge; doch kann alt hier mit langjährig identisch sein.

früheren Jahren zu schwer waren. 1598 ist seine Witwe noch am Leben! (Beilage I, 1598, S. 244.)

1552 heißt Daser im Hofstaat Albrecht's V. bereits Kapellmeister; 1563 aber sagt das fürstl. Dekret, er habe nur »in 7 Jar« als solcher gedient; also hatte der Künstler nur 1552—59 die Oberleitung? Durchaus nicht, denn 1563 hat er erst »khurtz verschiner Zeit« zu verstehen gegeben, dass ihm der Dienst zu schwer wurde. Letzterer Widerspruch bleibt auf alle Fälle bestehen. Für den ersteren gäbe es zwei Lösungen. Nämlich, dass um 1563 Daser eine schwere Krankheit durchgemacht hatte, die Trojano irrthümlich in hohes Alter umdeutet; denn ganz genau ist Massimo nicht: er lässt Daser nur 4 Jahre Kapellmeister sein.

Die zweite Lösung wäre die obenangedeutete: Daser musste dem Genie Lasso's und der Kirchenpolitik Albrecht's V. weichen, seine Gesundheitsbeschaffenheit wurde zum mehr oder minder stichhaltigen Scheingrund. Freilich spräche hiegegen wieder die Dedication der Passion von 1578.

Positiv ist aber noch festzustellen, dass Daser über 10 Jahre nach seiner Pensionirung sich in München aufhielt und in der Kapelle verkehrte. Denn um die fraglichen Musikalien wurde er jedenfalls nicht zu lange nach seinem Wegzug angefordert; auch sagt Sittard, dass Daser 1575 nach Stuttgart kam, unverhofft, wie wir hören, dahin berufen. — Unser Künstler war verheirathet mit Magdalena, der Tochter Sigmund Hafners aus München. Dieselbe überlebte also (s. o.) ihren Gatten und erhielt noch längere Zeit aus der Münchener Hofkasse einen Theil von Daser's Leibgeding, 50 fl. ausbezahlt[1].

Dienstentlassung und Leibgeding (im Besitz des Herrn Oberamtsrichters Daser in Kirchheim a. d. Teck. Pergament mit dem herzogl. Siegel in Wachs anhängend):

[Außen:] Ludwig Dasers genaden vnnd leibgedings verschreibung.

Von gottes genaden Wir Albrecht Pfallnutzgraue bey Rhein, Herzog Iñ Oberen vnnd Niederñ Bayern etc. Bekhennen mit | disem vnnserm offen Brieff, vnnd thuen khundt meniglich. Nachdem weylennd dem Hochgebornen fürsten, vnnserm freuntlich | geliebten Herrn vnnd Vattern, Herzog Wilhelmen Iñ Bayrn etc. seliger gedechtnuß, auch nach seiner lieb absterben Vnnß vnnser Diener vnd |

---

[1] k. Kreisarchiv Landshut. R. XXXVII. Fasc. 323 Verzeichnis des Leibgeding: etc. 1595. »Ludwig Tasers gewesten Capellmaisters Wittib fl. 50.« (S. 155.) »hausst d(er) Zeitt in Württemberg, lesst d'as) geldt Jürlich erhollen«.

lieber getreuer Ludwig Daser, von Jugent auf bey vnnser
fürstlichen Capelln, Darzue lũ Sieben Jar Heer, alls ain
Cappelmaister vnndter | thenigs vlaiß gediennt, hat Er Vnns doch
khurtzverschiner Zeit vnndterthenigelichen zuerkhennen gegeben,
Das Ime sollicher schwerer Diennst, | der grossen vilfelltigen mhue
vnnd arbait auch der eingenommeũ lanngwirigen leibs schwachait
vnnd abgenommen chrefften halber, lennger | zuuerwallten oder
demselben vorzesteen vnmuglich, Mit vnndterthenigem Bithen Ine
desselben, gehörter vrsachen wegen, mit gnaden zuerlassen. | vnnd
daneben zu ergetzlichait seiner gehebten mhue, der Zeit seines
Lebens, genediglichen zu bedenckhen. Dieweil Wir dañ auß furst- |
licher angeborner tugent vnd müllte genaigt sein, vnnsere allte
getreue Diener mit gnaden zubedennckhen So haben Wir Ime
Ludwigen | Daser ermelt sein vnndterthenig bithen, mit erlassung
vũsers Cappellmaister diennsts nit abschlagen, Sonnder denn genedig-
lichen stat thun | |= stattgeben˜ wellen. Alles hiemit vnnd ln khrafft
diß brieffs, Wie Wir Pesser fernũ thun sollen, khunden vnnd mugeñ |
für Vnnß vnnd vnnser Erben | geredent vnnd versprecheñdt, das
nichts weniger Ime Daser Zu ergetzlichait seiner lanngwirigen Vnnß
erzaigten vnndterthenigen Diennst, die | Zeit seines Lebens von Vnnß
oder vnnseren Erben wegen, alle Jar vnnd Jedes Besonnder, auß
vnnser ReñtChamer alhie Ain Hundert vñd | dañ für Hauszinß
Zwannzigg Gullden Rheinisch lñ Munß Zu Quottembern eingethaillt
vnnd allso ain Jede Quottember Dreyssig Gulldn | , Auß vnnser
Schneiderej, Ain Sumer Claid, vnnserer gewondlichen Hoffarb
gegeben Vnnd Zu noch merern genaden da Er vor seiner Hausfrauen |
tods abgienng, derselben nicht weniger Ir Leibs lebenlanng von
vnnsrnt wegeñ funffzigg Gullden bezallt werdeñ soll. Wie Wir dañ
solliche | Järliche Bezalung deß Dienstgellts, Hofclaids auch zu dem
fall der funffzig Gullden Leibgedings vnnserm Zalmaister vnnd
Hofschneider | wie sich gepurt zuuerrichten beuelhen, vnnd hiemit
beuolhen habeñ. Inen solliche Ire Ausgaben merberürts Dasers
halben In Jedeñ Sein | Ambts Rechnungen für richtige Ausgab
legen vnnd aufheben lassen wellen. Alles treulich ongeuerde. deß
Zu mererm | Vrkhundt haben Wir merermellten Ludwigen Daser
disen Brief mit aigner Handt vnndterschriben vñd vnnserm an-
haonngenden | Secret verferttigt. Geben Zu Munchen den Neuvnnd-
zwannzigisten tag deß Monats Maij Anno etc. der wenigern Zal Im
Drey vnnd Sechtzigisteñ.

[eigenhändig.]

Albrecht Hz. zu Bayern....

Daser's Briefe (im k. Kreisarchiv München):

1) [Rückseite:] (Adresse.) Dem Ehrnuesten vnd für- | geachten Steffan Schleuch fürstlichem Bayerischem | Secretarj meinem Insonders günstig(en) Herrn | geantwortt. (Vermerk.) Pr(aesentatum) 24. May 1576. Taser Capelmeister zu Stutgart Bericht des gesangs halber so mit seltzamen lächerlich(en) Caracteres gemacht ist.

Hirauf dem Mach (?) Zuschreib(en) vnd sich des grundes bej Ime Zuerkhundig(en.)

[Text:]

Ernuester fürgeachter Insonders gunstig(er) | Herr Secretarj, aus E. E. schreiben | hab Ich den fürstlich(en) Befelch verno- | men, vnd kan dem herren herzog | nit berg(en), das Ich keine and(eren) büch(er) bej | mir hab, allein ein Choralpuch Zum | Contrapunct gericht, Wellichs Ich mei- | nem gn. fürsten vnd Herren hertzog Wilhelmen etc. geschriben vnd ein einigs | Magnificat auch Irn fr. Gn. von mir | componirt vnd geschriben, vnd hab solliche | mit Irer f. Gn. gnedigem Vorwissen vnd vergunstigung beihand(en), dann als vnuerhofft Zum Würtenbergisch(en) Cappelmeister Dienst bin erfordert vnd mit gnad(en) dar zue promouirt word(en), | hab hochgedachten meinen genedig(en) fürsten | vnd herren Hertzog Wilhelmen [1] etc. | Ich in vndthenigkheit gebetten, weil Ich | Des Magnificats keine Copej, auch von | dem Choralpuch Zu einem d(er) glei- | chen mer piech(er) nachZuschreiben keinen | form hab, so wellen Ir. f. Gn. solliche | mit mir Zunemen genedigist bewillig(en), darauff | Ire f. Gn. genedigkhlich verwilligt, doch der Condition, Ich solte sy nit | gar behalten sond(ern) etwa selber meiner | glegenheit nach widerum hinauff bring(en) | od(er) durch andere hinauff ordnen, solliche | genedige bewilligung auf mein vndt(er)thenig ansprech(en) | ist Zu München(en) auf dem grossen Saal gleich heraussen vor d(er) Capellen beschech(en), | darneben diss alt patrem puech, so der Pot Zuüberantwortt(en) | empfang en), hab Ich vorhin Zur Can- | torej ab Ingrossirt, vnd Zum andermal | für mich selbst, ein kurtze Zeit Zuvor | eh vnd Ich nie Im willen gehebt | an wirtenbergischen Hoff zukommen, Die | Gesang, so gar alt vnd bej wenig | leuten in achtung seind abzuschreiben ange- | fang en), weil Ich aber des wekhreissens halben | sollich Concional nit verfertig(en) mög(en) | vnd den wenigern teil darangeschrib en), | hab Ichs mit genomen hin zu Stutgar- | ten dises gantz hinauss Zuschreiben vnd dann | mit

---

[1] Der Thronfolger, später Wilhelm V., dessen Musikliebe uns noch viel beschäftigen wird.

vorgemeltem Choralpuch widerum | an gebürlich ortt Zu presentirn,
Bin | auch gentzlich des vorhabens gewest | verloffens 75 Jar meine
freindt vnd | vatterland Zubesuch(en) vnd also dise | Zwej picher
vndthenig(er)gebür nach Zuuber- | antwortt. hat doch sollichs ettlich
vr- | sach weg(en) das Ich mich von meinem | Dienst absentiren
konden, nit verfolgen | wellen, hab auch nit anderst vermeint, Ich
welle mit glegenheit der fürstlich | wirtembergischen Hochzeit, od(er)
doch da | Ire f. Gn. am herniderreißen aus | Lotring(en) auff Stutgarten
widerum an- | komen in sollich gelegenheit die genante puech(er)
Ze restituiren, | des alten gesang buchs aber dess(en) der Herr | in
seinem schreiben vermeldet, wellichs | mit wunderbaren noten vnd
seltzamen | gefligl solte geschriben sein, weis Ich | nit was darmit
für ein gesang puch ge | meint wirdt, so mir doch die gesang |
Püech(er) fürstlich Bairisch(en) Cappellen | wie sy der glegenheit nach
send, noch in guter gedechtnus | bleiben, vnd weis mich sond(er)lich |
wol Zuerinnern, das ein schön gross | alt puch auff pergament
ingrossirt, | darinn Messen von alten Componistn, | aufangs ein
Josqunische De Beata | Virgine: Zulest das alte Requiem Pe: | de
La rue: steen bei d(er) Cantorej vorhan- | den, wellichs puch mit
mancherlej | Contrafacturen vnd dergleich(en) allerleih and(erm) |
gefligln Illuminirt ist[1] Wie d(er) Herr | im schreiben vormeldet.
Vngezweifelt | wirdt sollich buch (das bei meinem | gedenkh(en) mit
rotem Sammt überZog(en) | gewest, noch vorhand(en) sein, vnd wo |
dises puch vnd ander nit enthalten, auch | Ich darüber in verdacht
solte geZog(en) | werden, wurde mir armen gesellen Zu | schwer
fallen, wirdt sich auch nimer mer | befinden das wed(er) clain noch
gross | Ja kein notten weiters (ausserhalb d(er) | oben Zwej vermelten
büech(er)] vnd Magnificat) in die | fürstlich Bayerisch Cappellen gehörig
bei mir ver- | halten od(er) an andern ortt verwendet solt | sein, bitt
der weg auch meinen günstig | vnd lieben herren, wellet mich bej |
hochgedachtem meinem genedigenn fürsten | vnd herren hertzog
Wilhelmen vndthenigcklich entschul- | dig(en), auch Ir. f. Gn. in
meinem na- | men vndthenigist bitten, Das die selbige nit allso
onberichter vnd onuerschult(er, sach(en) einen vngenedig(en) verdacht
auff mich | alten armen Diener wellen fassen, der | gleich(en)
bei Irn f. Gn. Herrn vnd | Vattern meinem genedig(en) fürsten vnd |

---

[1] Es ist dies der schon erwähnte Cod. 6 der Münchener Hof- und Staatsbibliothek. Die erste Seite der Isaak'schen Messe ist umrahmt mit Abbildungen
von Blumen, Vögeln und allerlei sonstigem Gethier. Das Canzleibuch mit »den
alten, wenig geachteten(! Gesängen« lässt sich natürlich lediglich auf diese Angabe
hin unter den Münchener Codices nicht agnosticiren. — Auch besitzt die Münchener Bibliothek kein Magnificat von Daser.

herren disen verdacht gene- | digkhlich ableinen vnd zu merern
genad en) | befelch(en). hie mit euch alls meinem gün- | stigem vnd
lieben herren alles guts | vnd glükhselige wolfart wünschendt, vnd |
allso in Gottes schutz befolch'en). Datum | Stutgart in grosser eil
den 12 februeriy Anno 76.
F. E.

Dienstwillig(er)

Ludwig Daser
würt: Cappelmeist(er).

[Nachtrag auf einem beigelegten Zettel:] Dem Poten hab Ich
diss mals allein das alte pucch | auffgeben, weil er nit wol mer
trag(en) mög(en), das | ander wil Iren f. Gn. Ich ettwa bei einer
für | das am besten were so Ich gleg(en)heit konde beko- | men od(er)
wie es mag sein auffs beldest hin nach | schickh(en), weis weitters
bej meinem aid vnd treu | von nichts das Ich vnd(er) meinen hand(en)
hab | vnd hinauff gehört. vnd möchte gern gründtlich | wissen, was
doch das für ein gesang puech solte | sein, das von mir erfordertt
wirdt. Ire f. Gn. | wollen sich d(er) sach besser bei andern erkun-
dig(en) | so es das gross puch nit ist das Ich meinem schrei- | ben
vermeld, so wais Ich sonst keins. Datum | vt in Cris.

E. E. dinstwillig

Ludwig Daser.

2) [Rückseite:]

(Adr.) Dem Durchleuchtigen Hochgebornen | Fürsten vnd Herren,
Herrn Willhalmen | Pfaltzgrauen bey Rhein, Hertzogen | In Obern
vnd Nidern Bayern | meinem genädigen Fürsten vnd Herrn.

(Vermerk.) Daser Capelmeister Zu Stutgartt hat die | historiam
Passionis componiert, die | v(er)ehrt Iren fr. dl. Er Zu aim Neuen
Jar. P(raesentatum) Münch. 18. Febr. 1578.

[Text:] Durchleuchtiger Hochgeborner Fürst gnädig(er) | Herr, E.
F. G. seind meine vnnderthänige | schuldige vnd geflissne Dienst,
Jederzeit gehor- | sams fleis, mit Wünschung vil glückseeliger | Newen
Jar. beuor. Gnädiger Fürst vnd | Herr. Demnach Ich vor Wenig
Jarn die | Historiam passionis etc.[1] mit sonderm vlais, vnd | als vil
mir Gott genad darzu verlühen, | Componirt, Auch über das dahin ge-

---

[1] *Passionis* | *Domini Nostri Jesu Chri* | *sti Historia in vsum Ecclesiae* | *Qua-*
tuor vocibus composita. | *... Monachij, excudebat Adamus Berg* MDLXXVIII.
Gewidmet ist das Werk Albrecht V., bei dem sich Daser in seiner Dedication
»*pro singulari Celsitudinis tuae in me clementia multisque eximiis beneficiis*« bedankt.
Vergl. Kade's Analyse, a. a. O., S. 37. Zu rektificiren wäre dort, dass sich »Daser's
Bildungsgang unter Lasso's Augen vollzog«: die nachgewiesene Beeinflussung
Lasso's in Daser's Werk bleibt deswegen zu Recht bestehen.

richtet, das | E. F. G. Buchtruckher Zu München, dem | Adam Ber-
gen, sollichen Passion in pium Vsum | Ecclesiae In den Inngrossier-
ten form Zetruckh(en) | gnediglichen Zugelassen worden. So hab |
ich nun nit vnnderlassen Könden noch sollen, | E. F. G. von dero
mir vnwürdigeen vil ge- | nedigste gutthaten bewisen vnnd erzaigt
worden, | diser Composition des gedachten Passions (zu | einer vnder-
thenigen danckhbaren erzaigung) | ein getruckht Exemplar hiemit Zu-
offeriren, | Vnnderthenigist Bittendt, E. F. G. wöllen | sollich gering
Present zum glückhseligen Newen | Jar genedigist von mir auff vnd
annemen, | vnd fürhin mein gnediger Fürst vnd | herr sein vnnd Plei-
ben. Das will vmb | E. F. G. ich so tags so Nachts In vnder-
thenig- | kheit gehorsamlichen verdienen, derselbigen | mich hiemit
Zu genaden vnderthenigist befelhe(n)dt. | Datum Stuttgarten den ·2·
Januari. | Anno etc. 78.
    E. F. G.
       Vnndertheniger
       Gehorsamer
          Ludwig Daser Wür-
          temPergisch(er) CaPPelmeister. —

    An sonstigen Compositionen Daser's kennen wir hauptsächlich
Messen, nach der Hand von Ludwig Senfl's regelmäßigem Copisten
zu schließen (z. B. Cod. 9 u. 13 der Münch. Hof- u. Staatsbibl.)
schon frühe entstanden. Wir finden ihn in der Gesellschaft Isaaks,
Senfl's, Petrus de la Rue und Arnold de Bruck's. (Cod. 9.) Sodann
Messenoffizien und Motetten. Dass der Künstler als Protestant nichtsdestoweniger seinen Schwerpunkt auf Musik dieser Art legte, kann
in jener Zeit nicht befremden. Gedruckt ist nur die Passion, sodann
eine Fuga 5 voc. in Paix' Sammlung von 1594 (No. 22) und ein
Stück in Woltz' Orgeltabulatur (1617).
    Daser ist kein Genie, aber ein tüchtiger begabter Musiker und
warmer, zu Herzen gehender Töne fähig, wie die von Kade ange-
zogenen Stellen der Passion und z. B. die (3. Juni 1557 gezeichnete)
Messe Maria Magdalena beweisen. Wenn freilich Nicodemus Frisch-
lin in seiner Beschreibung von Herzog Ludwigs von Württemberg
Hochzeit von einem Daser'schen Stück sagt

       Dergleichen kaum Orlandus da
       Hat gemacht, noch Clemens non Papa[1],

so wird man das mit Recht etwas überschwänglich finden, wie es ja
damals mit dem Lob Mode war.

---

[1] Sittard, a. a. O., S. 20.

Bei der Übernahme des Kapellmeisterpostens durch diesen Künstler bestand die Kapelle aus den nachfolgenden Mitgliedern[1].

Canntorej.

besoldungen. (Gulden)	person.
150 · — · —	Ludwig Daser Cappelmaister.
300 · — · —	Auf die zwelf knaben[2].
100 · — · —	Herr Matheß Haltner.
85 · — · —	Anthonj Wennger.
90 · — · —	Peter Steidl.
100 · — · —	Jacob Schram.
90 · — · —	Caspar kemetter.
75 — · —	Lamprecht Pemhauer.
90 · — · —	Leonhart pueler.
53 · — · —	Leonhart Wassermann.
100 · — · —	Hainrich Schweininger.
100 · — · —	Leonhart Reillstorffer Lutenist.
100 · — · —	Matheß Nidlender.
60 · — · —	Johannes Mair.
20 · — · —	Wolf Daser.
20 · — · —	Wolf Höld.
66 · — · —	Sigmund khrad.
85 · — · —	Frantz Reiff.
100 · — · —	Hanns Schweitzer.
75 · — · —	Hanns Widmann.
125 · — · —	Melchior Rauch.
170 · — · —	Allt Schechinger.
132 · — · —	Jung Schechinger.
60 · — · —	Hector Aemilius.
18 · — · —	dem Calcanten für als vnd ain khlaid.«

Gesammtzahl = 25 Personen[3]. Vergleicht man den Bestand des Vorjahrs mit dem jetzigen, so ergiebt sich zunächst das Ausscheiden von Hans Rauch und Sebastian Hurlacher, dagegen der Neueintritt von Caspar Kemeter[4], Leonhard Reillstorfer (er fehlt noch in »Yetziger Stat« 1552, muss also im laufenden Jahr engagirt worden sein); Johannes Mair, Wolf Daser, Wolf Höldt, Hans Widmann, Hector Aemilius sowie des Calcanten.

---

[1] k. Reichsarchiv, a. a. O., No. 363. 1552 Yetziger vnnd Neuer Stat.

[2] Mit folgender Randnote: No. vnns. g. f. v. h. bat deß welschen Stalmaisters Sun dem Schulmaister [Khrad] in der Cantorej verdingt für chost vnd lernung ...

[3] Dazu 3 berittene Trompeter (jeder 1 Pferd, Liefer. für 1 Person und 28 Gulden) Siegmund Leirer, Ludwig, Caspar Jordan. Die unberittenen sind hier nicht verzeichnet.

[4] Auch Kemater. Aus Kematen in Tirol?

Wichtigeres aber als diese Veränderungen, ja ein Ereignis von weittragender Bedeutung bezeugt der Neu-Eintrag »Matheß Nid(er)-lender«. Mit dieser Person stehen wir vor dem Beginn einer großen, ganze Jahrhunderte dauernden Invasion ausländischer Musiker in München, dem ersten Wellenschlag gegen die bayerische Küste, einer Bewegung, von der alle musikliebenden Höfe Deutschlands von etwa 1550 bis in unser 19. Jahrhundert herauf Kunde geben. Zur näheren Betrachtung dieses Geschehnisses müssen wir den lokalhistorischen Boden ein wenig, doch — mit Stolz kann es gesagt werden — that-sächlich nur ein wenig verlassen.

Senfl's Bedeutung für das deutsche Kunstleben haben wir oben berührt. Mit ihm aber hatte sich die große deutsche Kunst, denn sub specie aeternitatis betrachtet sind Leute wie Daser doch nur Epigonen, ausgesungen. Ungefähr 20 Jahre lang (1550—1570) fließt die Produktion im Verhältnis zu dem herrlichen Strome der vorhergegangenen langen Zeit — nur das deutsche mehrstimmige Lied ausgenommen — spärlich und vereinzelt.

In eben dieser Zeit aber vollziehen sich nichtsdestoweniger bei uns wichtige Dinge, vollzieht das Land eine scheinbar mehr äußere aber natürlicher Weise doch der inneren Entwicklung segenwirkende Kunstpflege. Ich meine damit die Ausgestaltung eben der großen Cantoreien, speciell in München, Wien und Dresden in gleichzeitigem energischen Tempo des Fortschritts.

Dass derselbe hauptsächlich durch Ausländer zu Stande kam, ist sicherlich großentheils ein Resultat unserer damaligen Impotenz; dass die Ausländerei so lange anhielt, aber sicherlich eine Folge der dem deutschen Charakter so tief einwurzelnden Hochachtung vor allem Fremdländischen, des Zuges, der in unserer ganzen Kunstent-wicklung eine ungeheuere Rolle spielt, bis auf unsere Tage.

Der Zustand war nationalökonomisch ungesund und verdrängte für lange die deutschen Künstler, erstlich Sänger, von den deutschen Höfen. Aber es war thatsächlich um Mitte des 16. Jahrhunderts Mangel an verfügbaren deutschen Kräften. Hiebei wird zunächst Niemand Wider-spruch erheben, dass ein bedeutender Künstler fremder Nationalität einem deutschen, aber unbedeutenden vorzuziehen war. Und diese großen Ausländer, und am deutlichsten zeigt sich dies bei Lasso, er-zogen auch bedeutende Schüler aus dem einheimischen jungen Nach-wuchs. Freilich ergreift Einen tiefer Schmerz, wenn man erfährt, dass der einzige damalige hochbedeutende Musiker deutscher Ab-stammung, Meiland, jahrelang keine Stelle fand und Frau und Kinder in Kummer und Noth zurücklassend starb[1].

---

[1] Siehe Beilage IV.

4*

In Wien vollzieht sich der Wechsel der Nationalitäten bereits
1545. Hier trat Petrus Moessanus an Arnold von Bruck's Stelle in
der Kapellmeisterei, dann folgen Castileti, Jacob Vaet und Philippus
de Monte. Unter den Singern treffen wir 1544 unter 12 Namen auf
einen Ausländer, 1564 sind von neun in die Kapelle eintretenden
Musikern nur drei Deutsche. 1576 ist unter 54 Cantoreipersonen
kaum mehr ein deutscher Name.

In Dresden ist 1548 Jobann Walther Kapellmeister; die Kapelle
besteht aus 3 Bassisten, 4 Tenoristen und 3 Altisten nebst dem Organisten, darunter dem Namen nach kein Sohn der Fremde. Unter
den Sängern überwiegt wohl 1555 noch das deutsche Element, aber
der Kapellmeister ist seit 1554 Mathias le Maistre Fiamengo und
eine eigene Rubrik verzeichnet die »Welschen Instrumentisten in
der Musica«.

Die Occupanten fremden Terrains waren in der Musikentwick-
lung wie bekannt anfänglich die Niederländer. Solange Italien
nicht die nötigen eigenen Kräfte producirte, in der eigentlichen
Blüthe der Renaissance, waren die Niederländer in Neapel und Mailand, in Ferrara und Mantua, in Venedig und zum Theil Florenz
seit Alters in Rom die musikalischen Herrscher. Italien lernte aber
— dies vollzieht sich in den ersten 50 Jahren des 16. Jahrhunderts
— und occupirte dann selbst. Und so finden wir in den fraglichen
Jahren der Münchener Cantorei — nach 1550 — 2 Bewegungen
im Musikleben, einen niederländischen und einen italienischen Import
von Musikern. Der erstere zwar bald dem Erlöschen nahe, brachte
unter anderen Künstlern Orlando di Lasso ins bayerische Land.
Der letztere versorgte lange Jahre die Cantorei etc. mit vorzüglichen
Kräften. Durch die Erfindung der Oper fällt die Musikherrschaft
gänzlich an die Italiener und fast zwei Jahrhunderte segelt nun die
Kunst des Hofes, weil fast ausschliesslich dem Theater gewidmet,
unter italienischer Flagge. Joh. Kasp. Kerll beweist die Regel.

»Matheß Nidlender«[1] ist's, der den Reigen eröffnet. Wie derselbe an den bayerischen Hof kam, wissen wir nicht. Es hat den
Anschein, dass Albrecht V. durch das Renommée der belgischen
ausführenden Künstler bestochen[2] und entzückt von den Compositionen
ihrer Landsleute, wohl auch Ohrenzeuge ihrer Kunst auf seinen als

---

[1] Bekanntlich weiß man nicht, von woher Mathäus Le Maistre 1554 nach
Dresden kam. Sollte er sich in München aufgehalten haben?

[2] Ich erinnere hier an die berühmte Stelle in Quiccardini »*Questi sono i veri
maestri della musica . . .*« *Descrittione di tutti i paesi bassi* Anversa. 1588. S. 42.
Vergl. dazu den Brief Seld's vom 1. Juli 1555 (siehe unten), welcher die Deutschen,
was Schönheit der Stimmen betrifft, weit vorzieht.

Kronprinz gemachten italienischen Reisen wie bei Besuchen anderer
Höfe sich direkt Sänger dieser Nationalität verschreiben ließ. Wir
treffen ihn wenigstens drei Jahre später auf der offenen Suche.
*Venuto in età virile, l'illustrissimo Alberto, dopo fatto et ordinato
col suo saldo giuditio, quello che più mestiero fù a benefitio di Vasalli,
et augumento del suo stato: e posto in bando tutti gli Heretici. Ve-
dendo che la Capella dell'antecessore, conforme al celeste
animo suo non era, incomincio a mandari messi e lettere con doni
e con promissioni per tutta l'Europa, a far scelta di dotti et artisti
Musici, e di sonori, e prattici Cantori —* so fasst Trojano[1] kurz die
Entstehungsgeschichte der Bewegung zusammen, die München nun
zum Höhepunkt der Musikpflege in Deutschland machte.

Der finanziellen Schwierigkeiten, die sich den Absichten Albrechts V.
entgegenstemmten, haben wir schon gedacht. Die Verschiedenheit
der Gesichtspunkte spricht sich nun besonders scharf aus in folgendem
Eintrag, der sich in dem mehrerwähnten Fascicel Fürstensachen findet:
(1555). Hernach uolgt, was der Neu Stat so gleich wol Erstlich
an Ime selbs zu hoch gestellt gewest ist sich seider Aufrichtung
desselben gemert hat vnd was darüber der Reth bedennckhen ist.

»Der Cantorey halben hat vnnser genediger Fürst vnd Herr
selbs genedigelich zu bedennckhen. Das ain grosser vncost. darüber
geet. derhalben abwendung oder Ringerung derselben bey Irn fr.
gn. steet.«

und dem Pendant, den hochinteressanten Briefen[2] des bayerischen Agenten am Brüsseler Hof, kaiserl. Vicekanzler Dr. Seld,
über den Erfolg seiner Bemühungen im gleichen Jahre, nieder-
ländische Musiker, wie eben erwähnt, für Albrechts V. Cantorei zu
gewinnen.

»Brüssel, 1. Juli 1555.

Wie wol ich mich der singer halben, so ich E. f. Gn. bestellen
sollen, vertröstet gehapt, ich wolt in kürz die Sach zu E. f. Gn. gefallen verrichten, so begegneten mir dort allerlay verhinderung, dass
ich noch bisher über allen fürgewendten vleiss nichts schaffen können.

Denn ich hab gleichwol selbs allhie, auch an andern Orten,
als zu Antorf und zu Hall in Hennegow etwa vil singer, die sich
hetten bewegen lassen, hinauf zu ziehen, gehört, hab auch etliche

---

[1] A. a. O. S. 63 ff.
[2] Ich entnehme dieselben Leist's »Zur Geschichte der auswärtigen Vertretung
Bayerns im XVI. Jahrhundert« Bamberg 1889 S. 50 ff. Originale im k. Staatsarchiv
zu München.

von andern Orten hieher beschiden; die seind gleichwohl gemainlich
mit irem singen gewis, und haben die art des Colorierns, wie in
disem land gepreuchig, aber sonst warlich durchaus so treffenlich
übel bestimpt, dass sie meins erachtens in E. f. Gn. Capell gar nichts
taugen und ich wolt gern ainen aid schweren, dass der aller wenigst
under E. f. Gn. singer besser zu hören ist, dann under diesen der
aller best. Der Egidius Fux von Gendt, davon ich E. f. Gn. geschriben, ist gleichwol ain guter singer und under denen, die ich
gehört vast der pest, aber warlich sonst ain grosser lecker. Ich hab
Ime der vergleichung nach, so ich mit Ime getroffen, zeerung gegeben, allenthalb im land herumb zu ziehen und singer zu suchen.
Also kombt er über etlich wochen, bringt ain grosse rechnung, wa
er allenthalb gewesen, als zu Brügh, Oudenarde, Cortrych, Belle,
und andernorten und so ich vermain, er sei mit allen singern gefasst, so bringt er nit mehr als zwen Tenoristen, die seind all baid
zu Gent daheim. Die hab ich dannoch versuchen wollen und in
der kais. Capell singen lassen. So seind sie die aller ärgesten von
den andern allen, also dass ich mich von herzen müssen schamen
und hett Inen gern die Mensur mit ainem guten brigel geschlagen.
Wie mich die sach ansieht, so wolt ich 100 Cronen verwetten, er
war die selb zeit keinen tritt aus der Stat Gent kommen . . . .
Also hat in Summa mein guter Egidius 17 Cronen verzeert und nit
umb 17 Heller wert ausgericht . . . . Nun vermainen sonst gut
ehrlich leut, die ich deshalben rehts gefragt, E. f. Gn. sollen auf
diesmal mit den singern ain wenig gemach thun, dann dieweil König
Maximilian und der herzog von Ferrar newlich Jre Capellen aus
disem land staffiert, so sey eben jetzund der Kern und des pest
hinweg, und man muss also ainer klainen zeit erwarten, bis gute
singer sich widerumb finden mögen . . .

Man helt auch darfür, nachdem nunmehr in disem land zimlich
erschollen, dass E. f. Gn. singer haben wollen, es sollen sich villeicht mit der zeit selbs etlich angeben, die man one aufwendung
sondern uncosten probieren künt. Und ist erst bey 3 tagen jüngst
ain alter feiner priester von Antorff bey mir gewesen; der sagt mir.
nachdem er gehört, dass E. f. Gn. nach singern trachten, so wolt er
mir gern singern und knaben zuweisen . . . *Post scripta.* Gnediger
Herr. Hat mir der Capellmaister und Singer ainen Tenoristen von
Oudenarde und ainen Altisten von Soigny aus Hennegow zugewiesen,
auch in all weg geharret, die selben E. f. Gn. zuzuschicken. Wie
wol ich nun gern gewartet hett, bis ich mehr bekommen, so haben
doch sie nit warten wellen. Also dieweil ich gedacht, es sey um
dise zeerung zu thun, hab ich Jr jedem 10 Cronen gegeben und

ainem, der sy hinauf fürt, 12 Cronen geschenkt. Seind also dise wochen hinweg. Wa sy dann E. f. Gn. Jnen ain genedige zeerung widerumb zustellen und sie darauf faren lass. Sie seind baid nach diser art gerad und gewiss auch zimblich bestimpt, so gut als man sie alhie findt. Dann sonst in der gemain sollen E. f. Gn. für gewis und unzweifenlich halten, dass unsere Teutsche singer besser stimmen haben, dann alle Niderlender.

Brüssel 22. September 1555.

Allein die art des Colorierens, wie sie es alhie haben, ist etwas anmutig und seind auch die singer im gesang gemainlich gewisser, dann die unsern. Sonst sollen mir E. f. Gn. glauben, dass aus der ganzen kais. Capell will ich allain 4 personen von Altisten und Tenoristen aus nemen; die übrigen all seind der stimmen halber nichts nütz und unsern Teutschen keineswegs zu vergleichen .... **Wa dann E. f. Gn. je gern ainen guten Capellmeister haben wolten,** so gedeucht mich, ich wolt an ainem andern ort versuchen, ob ich sie wol versehen künd. So ist ainer jetzund in Engelland in der königs Capell, heisst P h i l i p p u s d e M o n t e von Mechel pürtig, mir ganz wol bekanndt, ist ain stiller eingezogener züchtiger mensch wie ain junkfrau, hat den maisten theil in Italia gewont, kann sein Italienisch als wenn er ain geporener Italiener wär, daneben auch sein Latein, Französisch und Niderlendisch und ist sonst one alles widersprechen der pest Componist, der in dem ganzen land ist, fürnemlich auf die n e w a r t u n d M u s i c a r e s e r u a t a. Nun vermerk ich, dass er in des königs Capell nit wol zu pleiben hat, dieweil die andern singer all Spanier und er allain ain Niederlender. Glaub wann ich Ine zu E. f. Gn. pringen könnt, er solt fro sein und sich vielleicht mit 100 Cronen aines Jars benügen lassen. So wisst ich E. f. Gn. zu vergewisern, dass Sy mit ainem Componisten bas würden versehen sein, dann die kayserl. Mjt. könig von Engelland, könig von Frankreich, noch kain fürst im Teutschland. Neben dem so zaig ich E. f. Gn. auch underdheniglich an, dass Maister Hanns Herman, unser rhatsdiener und der kais. Mjt. geiger, den E. f. Gn. zu Insbruck wol gesehen und singen gehört, villeicht jetzund auch vom hof wegkomen und nit gern in Hispanien ziehen wirdet. Der wolt (wie er mir anzaigt) kainem herrn lieber dann E. f. Gn. dienen. Er würd sich auch meines erachtens ainer besoldung benügen, wie E. f. Gn. ungeverlich andern Iren singern gibt. Und wiewol er in die Capell nit sonders stark bestimbt, so ist er doch zu der Camer- oder tisch-Musik nit zu verpessern.

Post scripta. Ich verstehe sonst E. f. Gn. begern, also dass sie 2 knaben Discantisten, 2 Altisten und 2 Tenoristen haben wellen.

Wa dann aufs wenigst ainer under disen singern also geschaffen
wär, dass er die knaben auf diese art künt abrichten, so
möchten E. f. Gn. andere Ire Teutsche knaben, die dann sonst an
der stimme gar kainen mangel haben, darbey lassen aufziehen und
hetten also E. f. Gn. an guten singern nimmer kainen abgang.«

Den Sieg von Musik- und Prachtliebe in Albrecht V. über alle
finanziellen Bedenken kann man nicht treffender ersehen als aus
diesen Dokumenten, deren Fülle höchst werthvoller Notizen dem
Leser außerdem nicht entgangen sein wird.

Das Engagement Philipp de Monte's, dessen Aufenthalt in
England und Charakterzeichnung allein schon unser Interesse erregen
muss, kam nun ebensowenig zu Stande[1] als das Meister Hans Her-
manns. Dagegen machte München unter Lasso wohl die ausgiebigste
Bekanntschaft mit der »anmuthigen Art des Colorirens« wie der neuen
Art (zu Componiren) und Musica reseruata[2].

Dass Orlando's Engagement, vor dem wir somit angelangt sind,
zweifellos durch den »alten feinen Priester« von Antwerpen — wie
die Verhältnisse dort lagen wohl einen Fachmann (Cap. II, S. 104)
— und durch Seld, der einen guten Kapellmeister zu suchen verspricht, herbeigeführt wurde, kann nun allerdings mit absoluter Sicherheit nicht behauptet werden[3], erscheint aber, nachdem Lasso 1555/56
zu Antwerpen wohnt, jedenfalls als das Wahrscheinlichste gegenüber
den anderen Möglichkeiten. Zu letzteren würde zählen die Vermittlung
Granvella's, Lasso's Protektor (S. 109 u. 111) mit seinen Beziehungen
zum bayerischen Hof, sowie die der Fugger, die in Antwerpen ihre
blühende Factorei hatten; allerdings wäre bei den Augsburger Krö-
susen auffällig, dass Beziehungen Orlando's zu ihnen erst 1573 mit
der Dedication der *Sex Cantiones* u. s. f. zu Tage treten, während
der in der schwäbischen Reichsstadt gleichfalls ansässige Linkh bereits 1564 Gegenstand einer Lasso'schen Dedication ist.

Trojano sagt über das Engagement seines Meisters schön aber
leider wenig ausführlich:[4] »*Raunati che furono nella honoratissima corte*

---

[1] Später hatte Ph. de Monte Beziehungen zum bayerischen Hofe. 1575 schickt
ihm Albrecht V. sogar sein Porträt. Doch darüber zu seiner Zeit. Man vergl. auch
Ambros Gesch. II, (3. Aufl.) S. 509 und III, 330 ff.

[2] Vergl. hiezu Quickelberg's (s. S. 59, Anm.) Definition in der Einleitung zu
Lasso's Bußpsalmen .. *ad res et uerba accomodando, singulorum affectuum vim expri-
mendo, rem quasi actam ante oculos ponendo, expressit, ... Hoc quidem
musicae genus Musicam reseruatam uocant.*

[3] Nach einer Fortsetzung dieser Berichte in gleicher Materie wurde bislang
im k. Staatsarchiv vergeblich gefahndet.

[4] A. a. O. S. 61.

in non molto processo di Tempo: tutta quella quantità di virtuosi, che esser possibil sia. Tra tanti che nella Germania, e nelle altre prouintie erano: elesse per suo compositore meriteuolmente (Albrecht V.) *l'Eccellente Messere Orlando di Lasso.«*

Über die innere Geschichte der Cantorei 1552 mit 1556 ist außer dem Mitgetheilten bislang nichts Weiteres erreichbar gewesen. Nach dem neuen Verzeichnis der Cantoreimitglieder in den Hofzahlamtsrechnungen von 1557 lässt sich nur konstatiren, dass mittlerweile Haltner, Wennger, Schram, Wassermann, Mair, Melchior Rauch, Aemilius wie auch Matheß der Niederländer ausgeschieden waren.

»*Ex eo loco* (Antwerpen) *anno 1557 ab Alberto Bauariae duce, summo ommiū Germaniae principum musices Moecenate, uocatus est Monachium cum alijs Belgis, ut sacello suo antè quoq(ue) celeberrimo, esset ornamento«* sagt Lasso's erster Biograph.

Man hat dementsprechend allgemein angenommen, dass Orlando 1557 nach München kam. Allem Anschein nach traf aber der junge Meister bereits Ende des Jahres 1556 in der bayerischen Hauptstadt ein, was einen »zweijährigen« Aufenthalt in Antwerpen (s. S. 101 ff.) ja nicht ausschließt, wenn man *duobus annos* nicht mit zweimal 365 Tagen interpretiren will, sondern als runde Zahl auffasst, was — ich bemerke dies speciell für das nächste Capitel — bei Quickelberg's Angaben ohnehin von vorneherein geboten erscheint. Nach den Hofzahlamtsrechnungen von 1557[1] erhielt Lasso nämlich schon den Gehalt von 43½ fl. pro »Quottember Reminiscere«, also einen im Februar dieses Jahres fälligen Betrag. Noch deutlicher sodann spricht Cod. 14 der Münchener Hof- und Staatsbibliothek, der mit Werken Daser's und de Rore's Orlando's Messe *Domine secundum actum meum* umfasst. Der Originaleinband des Codex zeigt aber das bayer. Wappen und die Jahrzahl 1556.

Wir wenden uns nun im zweiten Capitel zu den Lebensschicksalen des jungen Meisters und seiner Umgebung und Entwicklung bis zum Eintreffen am Münchener Hof, dem er fast 36 Jahre, bis an sein Lebensende, in der Folge seine Dienste weihte.

---

[1] Beilage I 1557 »Cantorei« S. 513 ff.

II. Kapitel.

Schicksale und Umgebung Orlando di Lasso's bis zu seinem Eintreffen am Münchener Hof 1530 (1532) — 1556.

Orlandus de Lassus Musicus.

1565 *ORlandus natus est anno 1530 Bergae in Häno/nia. Postea septem annorum puer ad literas / perductus est, & post sesquiannum ad musicam ad-/hibitus, qua breui tempore cōprehensa puellus uo/cis claritate mirè commendabatur. unde inter soda/les symphoniacos pueros uiuēs, ex schola ter furto sublatus, atq(ue) bis diligenti honestorum parentū cu-/ra reductus est: tertiò uerò scholam nō repetij/, sed / cum Ferdinando Gonzaga prorege Siciliae, tū tem/poris Caesarearum copiarum apud Sütdesiderium / duce, manere consensit. Itaq(ue) soluta Belgica expedi-/ tione, cum eo discessit, & partim in Sicilia, partim / Mediolani eidem conuixit, donec post sexennium / uocem, ut fit, mutari coepisset. Ergo 18 anno aetatis à Constantino Castrioto / Neapolim ductus, ubi cum Marchione de la Terza tribus fortè annis perdu-/rauit. Inde Romam uenit, ac hospes archiepiscopi Florentini fuit 6 mensibus, / donec prae-/ficeretur ad S. Joannem Lateranēsem uniuerso musico sacello, Ro/mae longè celeberrimo. Vnde postea peracto biennio, cum ob morbos pa-/ren/tum in patriā reuocaretur, eos autem serius aduentūs mortuos re-/periret, cum / nobile uiro Julio Caesare Brancaccio Musices cultore, primùm in Angliā, de-/mum in Gallium, eius quoq(ue) uidendi gratia, profectus est. tandem inde reuer-/sus Antuerpiae mansit duobus annis. inter uiros ornatissimos, doctissimos, / & nobilissimos, quos undiq(ue) in Musicis excitauit, à quibus etiam summè ada-/matus ueneratusq(ue) fuit.*

Orlandi in Bavariam aduentus. *Ex eo loco anno 1557 ab Alberto Bauariae duce, summo omniū Germaniae / principum musices Moecenate, uocatus est Monachium cum alijs Belgis, ut / sacello musico suo, antè quoq(ue) celeberrimo, esset ornamento. Vbi ob suauissi-/mas compositiones, iucūdissimos mores, apophthegmatum & iocorum uber/tatem, linguarum peritiam, duci chia-/rissimus fuit. atq(ue) ita sequenti statim anno / uxorem duxit ex pedissequis gynaecei Bauarici: ex qua liberos elegātissimos / annis sub-/sequentibus suscepit. deinde anno 1562 sacelli musici summus prae-/fe-/ctus efficiebatur: ubi sub se musicos toto orbe clarissimos, ex longè diuersissi-/mis nationibus conuocatos habuit, / imò & subinde in Belgium & Antuerpiä / regressus, principi selectissimos cantores secum adduxit. Componere coepit / satis quidem iuvenis, sed in aula Bauarica ex earum cōtinuatione demū orbi / clarissimus, et principibus ac regibus plerisq(ue) commendatissimus euasit. itaq(ue) / dum eius opera fere sola isto tempore in antistitum templis, principum aulis, / doctorum uirorū musaeis cōgressibusq(ue) (auspicijs sui principis) undiq(ue) perso/nant, passim Orlandum solum omnis harmoniae hoc seculo parentem, & Al-/bertum ducem Bauarum egregium per Europam musicae Moecenatem uo-/cari inoleuit.*

Tametsi uerò Orlandinae cantiones ubiq(ue) terrarum extent maxima Scripta Orlandi. *copia, / sunt tamen adhuc plura, quae subinde principi suo separatim custodiunt(ur), quae / is uulgari minimè permittit. Extant tamen eius compositiones plurimae cōcio/nes, cum uarijs mutetis quatuor, quinq(ue), sex, octo, & plurium uocum, quas hic / ordine enumerare superuacaneum uidetur, cum hoc eius publicati libri No-/rinbergae, Monachij, Venetijs, Florentiae, Neapoli, Antuerpiae, Lugduni & Pa-/risijs, sint suggessuri. Hunc Orlandum Monachij in arcis sacello canentem. & / omnia digerentem ipse 1565 uidi, & magna uoloptate audiui, ubi is etiamnum / pergit, & subinde aliquot noui in sua arte magna laude excogitat. Samuel / Quickel.*

Der vorstehende Artikel, geziert mit einem sehr mangelhaften Portrait[1] Lasso's in Holzschnitt in *H. Pantaleon's Prosopo-/graphiae IIe-,rovm atque illvstrivm virorvm totivs / Germaniae, Basileae In Officina Nicolai / Brylingeri, Anno 1565.* Tom. III, S. 541 aus der Feder Samuel Quickelberg's bildet den Ausgangspunkt für sämmtliche Lebensbeschreibungen Orlando di Lasso's.

Ob Quickelberg[2] auch ein vertrauter **Freund** Lasso's war wie ihn

---

[1] **Delmotte**, Biographische Notiz über Roland de Lattre, herausgegeben von Dehn Berlin 1837). S. 58, äußert allzugroßes Misstrauen gegen dies Portrait, das auch für andere Personen verwendet sei, was indes nicht der Fall ist. Pantaleon erwähnt eigens S. 540: Quickelberg habe ihm die bayerischen bedeutenden Männer beschrieben »*atque cum uiuis eorum imaginibus ad me Basileam transmisit*«. Auch deutet die goldene Kette des Abgebildeten auf Echtheit. Ich kann das Portrait nur schlecht finden.

[2] Samuel Quickelberg ist nach eben denselben *Prosopographiae Pantaleon's* S. 539 geb. zu Antwerpen 1529, studirte mit 18 Jahren in Basel 1550 auf Kosten der Fugger in Ingolstadt, machte dann Fahrten als Wanderprofessor und kam an den bayerischen Hof, nachdem er noch die Fugger'sche Bibliothek und Sammlungen versehen hatte, in welchem Jahre ist nicht gesagt. 1562 finden wir ihn bereits auf der Krönung Kaiser Maximilian's in Frankfurt und dem Tridentiner Concil von Albrecht V. verwandt. Er starb 1568 in großem Ansehen, wie ich auch nach den Hofzahlamtsrechnungen beifügen kann, die seine feierliche Bestattung registriren.

Delmotte S. 5 nennt, findet sich nirgends erwiesen. Jedenfalls verdient das Zeugnis eines Mannes, der mit Lasso an demselben Hofe lange Jahre gleichzeitig thätig war, der die Beschreibung zu einem großen Theil der Lasso'schen Bußpsalmen geliefert hatte, in erster Linie Glauben. Wäre es ja das Natürlichste anzunehmen, dass der Meister selbst dem Biographen die nöthigen Anhaltspunkte zu seinem Artikel gegeben hat. Die mitgetheilten Vorgänge aus Lasso's Leben sind denn auch sämmtlich bis auf die jüngste Zeit unbezweifelt geblieben. Anders verhält es sich mit den Quickelbergischen Zeitangaben.

1530, das von Quickelberg genannte Geburtsjahr Orlando's, wurde seit 1615 von den meisten Schriftstellern durch 1520 ersetzt; 1736 tauchte dann infolge von Angaben auf einem Kupferstich Joh. Sadeler's das Datum 1532 auf. Und es ist interessant zu sehen, wie die älteste Angabe ganz verschwindet und nur noch in Folge der fortgesetzten Abhängigkeit der Nachrichten unter einander 1520 und 1532 übrig bleiben.

Ich stelle die wichtigen älteren Schriften, die sich mit Lasso beschäftigen, nunmehr im Einzelnen hier zusammen.

1570 erscheint Pantaleon's Werk in deutscher Ausgabe als »Teutscher Na-/tion Heldenbuch«. Der Verfasser hat dasselbe aber nicht blos übersetzt, sondern auch reichlich »gemehret / geenderet / vnd gebessert« und bethätigt dies hier, indem er seine Angabe »*septem annorum puer ... perductus ... post sesquiannum ad musicam adhibitus*« in der deutschen Ausgabe S. 507 dahin ändert »hat er sich im 1539 jar mit allem ernst auff die Musica ... begeben«.[1] Im übrigen bleibt Alles und damit das Geburtsjahr 1530 wie der erwähnte Holzschnitt.

Du Verdier's *Bibliotheqve Lyon* **1585** enthält keine Biographie Lasso's, sondern S. 932 an anderer Stelle zu verwerthende Notizen, muss aber hier beigezogen werden, weil vielleicht das Ausgabe-Jahr des Buches, 1585, den späteren Benützern zu dem Irrthum Anlass gab, das Datum der letzten Aufzeichnung sei das Todesjahr Orlando's.

Wenigstens sagt Nic. Reusner, meines Wissens der erste Schriftsteller, der nach des Meisters Tode von ihm handelt, in seinen *Icones / sive / Imagina Virorvm Li/teris / Illvstrivm Argentorati* **1597** (unpaginirt) »*natus anno MDXXX*«, dagegen »*Obijt Monaci anno*

Beilage I, 1567. S. 351. — Eine etwa 1562 auf ihn geschlagene Medaille s. Oberbayr. Archiv Bd. 10, S. 186.

[1] *sesquiannum* = 1½ Jahre, also mit 8½ Jahren.

Sal. MDXXCV. Aet. LVu, eine durch keinen andern Umstand zu erklärende Angabe. Im Übrigen folgt Reusner getreulich den Quickelbergischen Mittheilungen. Der mittelmäßige Holzschnitt (Lasso's Portrait) ist nach dem Stich de Bry's gefertigt, welcher der folgenden (nur des vermuthlichen Zusammenhangs der beiden letztgenannten Werke halber nachgestellten) *Bibliotheca / siue / Thesavres virtutis /* des *Joan. Jacob. Boissardes, Francofcrti* **1592** beigegeben ist. (Es ist mir nur die Ausgabe von 1628 geläufig, in dieser findet sich der Passus Bd. 2 S. 287. Joan. Theodor de Bry † 159S). Boissard setzt seine Angaben zusammen aus einer Reproduktion Quickelberg's incl. 1530, fügt dann aus Eigenem die Erhebung Lasso's in den Adelsstand hinzu und gibt ein Verzeichnis von Lasso's Werken, entnommen der ersten Zusammenstellung der letzteren in Conr. Gesner's *Bibliotheca / Instituta et Col-/lecta. Tigcri 1583.* S. 643.

Noch einmal taucht nach geraumer Zeit 1530 als Lasso's Geburtsjahr auf, nämlich in Ott. Aicher's *Theatrum funebre Scena VII Epithaphia Musicorum*[1] *Salisburgi* **1675** S. 448. Doch ist die ganze Stelle nur ein wörtlicher Abdruck aus Reusner.

Welche Gründe oder Quellen es waren, die den Schlesier Melchior Adam veranlassten, in seinen 1615 zu Frankfurt erschienenen *Vitae / Germanorvm / . . . / literis clarorum /* S. 381 von der Angabe, die zu Lasso's Lebenszeit zu Recht bestanden hatte, abzugehen, ist nicht bekannt. Das aber steht fest, dass die Änderung mit der Inanspruchnahme größerer Correctheit vorgenommen wurde, denn Adam sagt »*natus est anno Christi millesimo, quingentesimo & vicesimo: quo Carolus quintus solennibus ceremonijs Aquisgrani est inauguratus* (man beachte diese Bemerkung) und citirt am Schluss seine Quellen Pantaleon und Reusner mit dem Beifügen »*vbi & eum natum vult anno trigesimo, mortuum anno octuagesimo quinto, aetatis quinquagesimo quinto*«. Als Todesdatum aber ist der 13. Juni 1593 (*aetat. 73*) angegeben.« Dagegen sind Quickelberg's Angaben der Vorgänge beibehalten.

Gegenüber den zahlreichen Schriftstellern, die sich Adam's Zeitbestimmung ganz oder theilweise aneigneten, will der vereinzelte Aicher 1675 nichts besagen. — Thatsächlich war das Jahr 1530 außer Curs gesetzt und Lasso musste von nun an 1520 geboren sein. Wir können die folgenden Werke kürzer behandeln; es sind:

1616. Ferr. Locrius in seinem *Chronicon Belgicum*, *Atrebati 1616.* Tomus III. S. 670 (= *1593 . . . aetatis 73 vita defungitur*).

---

[1] Interessant und auch schon benützt für *Squarcialupo, Rore, Pevernage* etc.

1625.[1] Jac. Aug. Thuanus (= de Thou) in *Historiarom sti temporis / continvatio Francoforti 1625.* Tom. 3. S. 613. Dagegen gibt de Thou das richtige Todesjahr 1594 (*III Non. Junias decessit, cum LXXIII excessisset*). Hier taucht auch zuerst die Nachricht von Lasso's Berufung nach Paris, seiner Abreise und der durch Karl des Neunten Tod veranlassten Umkehr auf halbem Weg auf; de Thou als Großmeister der Pariser Bibliothek etc. konnte die Sache wissen.

1628. Franc. Sweertius in *Athenae Belgicae, Antwerp. 1628.* S. 589, der Adam auch »*quo Carol. V Aquisgruni est inauguratus*« nachschreibt.

1637. Phil. Brasseur in *Sydera illustr. Hannoniae scriptorum. Montibus. Hann. 1637.*[2]

1688. Paul Freher in *Theatrum Virorum eruditione Clarorum Noribergae 1688.* S. 1487 (Todesjahr 1593. — Eine Nachahmung von Sadeler's Stich ist klein und schlecht ohne die Zeitangaben beigegeben).

1690. Wolf. Kasp. Printz beschäftigt sich nicht mit den fraglichen Jahren in seiner »historischen Beschreibung der Edelen Sing- und Kling-Kunst« (Dresden 1690; S. 127); er ist dagegen der Verbreiter der irrthümlichen Nachricht, dass Carl IX von Frankreich Orlando habe rufen lassen, um durch des Meisters Werke nach der Bartholomäusnacht sein Gewissen zu beruhigen. Printz bezieht sich dabei auf Thomas Lansius als Quelle. In des Letztgenannten *Consultationes de principatu inter provincias Evropae Tvbingae 1620* S. 261 sind aber lediglich die Angaben de Thou's enthalten, dass Carl IX bei der Musik Tröstung fand und dass er Lasso an seinen Hof berief; erst Printz hat, allerdings wohl durch Lansius' Nebeneinanderstellung verführt, die beiden Facta combinirt.

1692. Moreri *Grand dictionnaire historique*, Paris 1692 gibt in dieser Ausgabe noch 1520 und 1594 (nach de Thou), in der Ausgabe von 1717 aber 1524 und 1594 an.

1715. Antoine Teissier *Les Eloges des Hommes Savants A Leyde 1615,* Tom. IV, S. 201 (4. Aufl., eine frühere ist mir nicht zugänglich) zieht seine Nachrichten bekanntlich aus de Thou, mit eigenen Zusätzen. Wir erhalten dementsprechend 1594 als das Jahr genannt, in dem Lasso *ayant passé sa soixante & treizième année* gestorben ist.

Auch Mattheson[3] *Critica Musica* Tom. II, Hamburg **1725**

---

[1] Ob schon in der Ausgabe 1520 (die vorliegende führt den Titel einer *editio germanica*) oder noch früher de Thou Lasso behandelt, konnte ich nicht ermitteln.

[2] Nach Delmotte. Das Werk ist mir nicht zugänglich. —

[3] Mattheson hat das Verdienst, zu Gesner's Verzeichnis das *Magnum opus*

S. 104 fußt auf de Thou und wiederholt, »Er starb 1594 im 74. Jahr seines Alters.« Desgleichen **1731** Iselin (im 3. Theil des »Allgemeinen historischen Lexikons«), der auch Du Verdier und Teissier kennt. Indes war Johann Gottfried Walther in seinem musikalischen Lexikon **1732** nach über hundert Jahren der Erste, der nicht seine unmittelbaren Vorgänger kritiklos abschrieb, sondern aufmerksam auf die älteren Quellen zurückging. Hierbei stieß er denn auf die mangelnde Uebereinstimmung der Angaben, und nagelte dieselbe fest, allerdings ohne selbst Licht in die Sache zu bringen. Doch war Walther möglicherweise somit die Veranlassung zu den Untersuchungen, denen wir eine abermals veränderte Angabe von Lasso's Geburtsjahr, 1532, verdanken.

Diese erscheinen **1737** (München, bei Vötter) im *Parnassus boicus* Tom. V als »Vierunddreyßigster Bericht / Kurtze Lebens-Verfassung Orlandi de Lasso geweßten Obristen Capellen-Meisters in Bayern«; sind nur gezeichnet J. A. S., entstammen aber nach einer Nachricht in den Abhandlungen der Churfürstl. bayr. Academie der Wissenschaften 1764, Bd. 2, S. 27 der Feder des kurfürstlich bayerischen Hofkammerrats Johann Adam Spätt.

Mit diesem Aufsatz treten wir in das dritte Stadium. Und wenn sich für Adam's wenn zwar bewusste so doch durch nichts begründbare Abänderung leicht eine Abfertigung finden lässt, so wird die Sache nunmehr weit complicirter, indem sich der auch sonst selbständig forschende Schreiber der »Kurzen Lebens-Verfassung« wie schon bemerkt, auf einen Kupferstich Joh. Sadeler's, des mit Lasso gleichzeitig in München wirkenden Hofkupferstechers, bezieht (S. 49); auf diesem aber heißt es, Orlando sei **1593** 61 Jahre alt gewesen. Über diese beiden sich widerstreitenden Angaben unverdächtiger Zeugen, Quickelberg's mit 1530 und Sadeler's mit 1532, kommen wir in absolut unwiderleglicher Weise nicht hinaus. Im übrigen ist der *Parnassus boicus* die erste Quickelberg nach Boissard und Thuanus und intensiver als letztere bereichernde Quelle, und fußt bereits im Studium bayerischer Archivalien[1]. Des Meisters Familienverhältnisse, die Dekorirung durch den Papst, die Schenkung von Schöngeising etc.

---

nachgetragen zu haben. Angesichts desselben ruft er aus: »Wenn ich inzwischen die *fata* dieser | vnd dergleichen practischen | Werke bedenke | alsdann vergeht mir würklich alle Lust | eine Note zu schreiben | oder in die Welt zu schicken!« cf. auch desselben Schriftstellers »Grundlage einer Ehren-Pforte« Hamburg 1540, S. 167, woselbst auch das mittlerweile erschienene Walther'sche Lexikon benutzt ist. sowie die von Praetorius Syntagma II (1619) S. 17 gemachte Mittheilung über die Zusammensetzung der bayr. Hofkapelle unter Lasso (ohne Jahrzahl).

[1] Personalakt, früher im k. Kreis-, jetzt im Reichsarchiv zu München u. dergl.

werden nunmehr der Biographie eingefügt. Leider erreichte der
Parnassus keine starke außerbayerische Verbreitung und so blieb er
in den auf ihn folgenden Werken meist unbenutzt.

1739. Foppens in der *Bibliotheca Belgica* Tom. II. P. II. S. 935[1]
(= 1520—93; — 1593 als Todesjahr kehrt nun von Neuem mehr-
mals wieder).

1764. *Memoires pour servir a l'Histoire litteraire des Pays-Bas,
Louvain* Tome IV S. 159 (= 1520—93. — Der Verfasser des Artikels
hat indes die erste Ausgabe von Vinchant's Annalen des Hennegau,
herausgeg. von Buteau 1648 — wir behandeln Vinchant später (siehe
S. 67) — gekannt und erwähnt neu: »fut d'abord enfant de choeur
dans la paroisse de S. Nicolas.«)

1776. *Hawkins A General History of . . . Music London* 1776.
Bd. 2. S. 497 ff. benutzt de Thou und Reusner, äußert schließlich
angesichts des ihm scheinbar selbständig bekannt gewordenen Sadeler'-
schen Stichs seine Bedenken. — Der Artikel bringt meines Wissens
den ersten Lasso-Neudruck, nämlich das 5 stim. Madrigal *Oh d'ama-
rissime onde* (in der Sammlung: *Prima Stella de Madrigali a 5 v.*
In *Venegia, Scotto* 1570), sodann eine recht gute Nachbildung von
De Bry's Stich, unterschrieben »*Barar. Musicus* 1569«.

1780. *Laborde, Jean Benj.*, *Essai sur la Musique* Tom. III.
S. 460 (= 1520—93).

Dagegen liefert einen nach Spätt äußerst werthvollen Beitrag
Westenrieder's Jahrbuch von **1783** Bd. I zweiter Theil, S. 369,
in dem die erste Mittheilung von der Neuauffindung der Bußpsalmen
gemacht ist. In den Zeitangaben fußt der Nestor bayr. Geschichts-
schreibung auf dem *Parnassus boicus* (1532—94.)[2]

1784. Forkel's Musikalischer Almanach S. 161 (= 1520—93).
1789. Musikalische Real-Zeitung 3. Juni 1789. (1520—94.)
1789. *Burney, Ch. A.*, *General History of Music London* Tom. III.
S. 313 (= 1520—93).

Burney ist der erste, der Lasso's Werken kritisch auf den Leib
rückt; allerdings mit wenig Glück. Man vergleiche die Abfertigung
die ihm deshalb Ambros III, S. 350 angedeihen lässt.

---

[1] Der beigegebene schlechte Stich von N. L'armessin ist zweifelsohne Sadeler
nachgebildet. Auch hier fehlt die Zeitangabe.
[2] Eigenthümlich ist, dass Westenrieder, wohl durch die allgemeine Ge-
wohnheit veranlasst, 1801 in seinem historischen Kalender S. 315 wieder 1520—
1593 annimmt. Doch lässt er daselbst Lasso 1556 nach Bayern kommen, eine Annahme, die, wie wir gesehen haben (S. 57), die größte Wahrscheinlichkeit für
sich hat.

1790. Gerber, F. L., Historisch-Biogr. Lexikon (erste Ausgabe; == 1520—94) hat im Text Bd. 1 S. 786, der lediglich auf Walther und Forkel fußt, keinen Werth: dagegen ist von großem Interesse die Zusammenstellung der Abbildungen (Bd. II, Bildnisse S. 28).

Es folgen nun die weiteren Publikationen in Westenrieder's Beiträgen zur vaterländ. Historie von 1590 u. 1592 (auf dem von Spätt eingeschlagenen Wege, und von vorbildlicher, leider zu wenig verstandener Bedeutung, nämlich auf Grund archivalischer Forschung), die werthvolle, oft abgeschriebene Mittheilungen aus den Hofzahlamtsrechnungen, so Bd. 3 S. 110 das Verzeichnis der Cantorei von 1593 zu Tage förderten; sodann in den Beiträgen von 1794 die Mittheilungen über Orlando's und seiner Kapelle Betheiligung an der Frohnleichnamsprozession nach Cgm. 1967 der Münchener Hof- und Staatsbibliothek. —

Dadurch gelangten die Lexikographen allmählich in die Lage, reicher über Lasso zu schreiben (z. B. Kobolt in seinem bair. Gelehrtenlexikon mit Nachtr. 1595 f.).

Lipowski, F. L., in seinem baierischen Musik-Lexikon bringt **1811** schon eine ganz hübsche Zusammenstellung, wie wir wissen auch mit Benutzung des Aretin'schen Manuscripts, erwähnt neu der Disputation Caldenbach's über die Motette »*In me transierunt*« zu Tübingen, 1664. Lasso's Lebensdauer ist angegeben 1532—95.

Gerber verbessert seinen Artikel in der zweiten Ausgabe **1813** beträchtlich, fixirt die unterschiedlichen Angaben des Todesjahres und bringt eine eingehendere Beschreibung der Bußpsalmen nach Mittheilungen Weber's [1].

Endlich erscheint **1830** in der bayerischen Zeitung »Das Inland« Nr. 38 ff. ein »Fr.« gezeichneter Artikel, der besonders den Personalakt Lasso sichtlich ausbeutet, und das übrige zuverlässige Material geschickt registrirt. (Geburtsjahr 1532.) Auch finden sich die damals im Besitz der Münchener Hof- und Staatsbibliothek befindlichen Werke des Künstlers verzeichnet. Unter »Fr.« darf wohl niemand Anderer als Freyberg verstanden werden. (Siehe über diesen die Allg. d. Biographie.)

Das war etwa die hauptsächlichste Litteratur die vorlag, als sich Delmotte daran machte, die Biographie Lasso's mit Feststellung seines Geburtsjahres zu beginnen; bereits 1825 hatte der Bibliothekar

---

[1] Es kann dies C. M. v. Weber sein, der sich Frühjahr 1811 in München aufhielt. In Stuttgart war Weber 1808—1809 ein häufiger Gast der kgl. Bibliothek. cf. Weber, M. M. v., Lebensbild C. M. v. W.'s. Leipzig 1864. Bd. I, S. 137.

von Mons als Lassoforscher debütirt, als er im dortigen Journal *Le Dragon* (17. Februar) Lassus für den eigentlichen Namen Orlando's erklärte. Zehn Jahre später war die *notice biographique* vollendet, im folgenden Jahre 1636 erschien sie zu Valenciennes bei Peignet. —

Wir haben in der Vorrede erinnert, welche Verdienste bei diesem Buche Freyberg und Schmidhammer zukommen, ebenso wie Dehn, dessen Übersetzung mit eigenen Zuthaten in Deutschland vorzugsweise benutzt wird. —

Was ist nun das richtige Geburtsdatum unseres Meisters?

Dass Delmotte den größten Theil der vorstehenden Quellen und noch Anderes von ihnen abhängige Material kannte, steht fest. Denn er selbst führt sie an. Leider hat er dieselben aber nicht eingehender geprüft, sonst hätte er erkennen müssen, wo die Klippe liegt, an der die Eruirung von Orlando's Geburtsjahr gefährdet wird. Er citirt S. 26 (Dehn S. 19) den *Parnassus boicus*, übersieht aber die den »damahls weit beruembten Hertzogl. Bayrischen Kupferstecher Johann Sadeler«, der Lasso »1593 im 61 Jahre seines Alters« gestochen hat, betreffende Stelle, und erfährt von dem Datum 1532 nur durch einen ihm bekannten Brief Georg Pölchau's an F. Fétis. 1532 macht ihm deshalb weniger Mühe und Zweifel, als Quickelberg's Angabe 1530, die Mehrzahl der sonstigen Angaben mit 1520 und endlich 1524.

Mit der Auffindung[1] der bekannten Stelle in Vinchant's Annalen des Hennegau schien nun Delmotte Alles aufgeklärt; benutzte er ja das eigenhändige Manuscript Vinchants!

1520 ... *Fut né en la ville de Mons Orland dit Lassus. (Ce fut en cest an que Charles V fut couronné empereur à Aix-la-Chapelle) ....*

Dieser Glaube Delmotte's an Vinchant's Autorität und Zuverlässigkeit hat uns auf Jahre hinaus die Kenntnis von Orlando's Leben verdunkelt; denn es war unmöglich, das Plus von Jahren, das aus der endgültigen Hinausrückung des Geburts-Datums des Künstlers resultirte, in seiner Biographie unterzubringen. Wir versuchen nun diesen Glauben an den Verfasser der Hennegauer Annalen zunächst in diesem Punkte umzustoßen, und aufzuzeigen, wie weit ein Datum mit aller Wahrscheinlichkeit als Lasso's Geburtsjahr gelten kann.

---

[1] Dass Delmotte merkwürdigerweise auf die »Auffindung« dieser Stelle so großen Werth legt, nachdem er doch sogleich zu erkennen giebt, dass er Ruteau's Druck der Annalen von 1648 kennt (in dem das Hauptsächliche über Lasso enthalten ist., beleuchtet Mathieu, *Biographie montoise*, Mons 1848. S. 88.

François Vinchant stammt aus einer zu Mons ansässigen Familie und ist ungefähr 1580 geboren. — Nach seinen ersten Studien widmete er sich dem geistlichen Stand und begann Material zur Geschichte seiner Heimat zu sammeln. Er starb vor Vollendung seiner litterarischen Pläne 1635[1]. Man lese und staune! Als Orlando starb, war Vinchant demnach ungefähr 14 Jahre alt, »theilweise ein Zeitgenosse seines berühmten Mitbürgers« (Delmotte-Dehn S. 9). — Sodann beginnen Vinchant's Annalen mit Julius Cäsar[2]. Wahrscheinlicherweise hat er also die Orlando betreffende Notiz nicht einmal in seinem ersten litteraturfähigen Alter, sagen wir mit 24 Jahren, 10 Jahre nach Orlando's Tod (1604) zu Papier gebracht, sondern noch später.

Und nun kommt das Merkwürdige: 1615 erschienen Melchior Adam's *Vitae Germanorum* . . *literis clarorum*, das erste Werk, das 1520 als Orlando's Geburtsjahr anführt, und nicht genug, mit dem Zusatze *quo Carolus quintus solennibus ceremonijs Aquisgrani est inauguratus* — dem »cest an que Charles V fut couronné empereur à Aix-la-Chapelle« in Vinchant's Annalen.

Aber, könnte man sagen, Adam hat seine Notiz auf eine Mittheilung Vinchant's hin verfasst!

Warum giebt aber Vinchant dann auch das bei Adam figurirende Todesdatum, das unrichtige 1593 an, da er doch für das Ereignis von Lasso's Tod viel eher als Zeitgenosse gelten könnte?

Übrigens war Vinchant katholischer Priester im Hennegau, Adam Calvinist in Heidelberg, die Zeit kurz vor Ausbruch des dreißigjährigen Kriegs, und hätte Adam, ebensogut wie er Panthaleon und Reusner genannt hat, seinen Gewährsmann im Hennegau erwähnen können, gerade um zu motiviren, warum sich seine Angabe von den citirten Quellen unterscheidet.

Auch anderweitig — doch davon später — hat sich Vinchant als phantasievoller Compilator gezeigt. Immerhin mögen seine Nachrichten über Lasso's Geburtshaus, seine Mitgliedschaft bei den Cantoreijungen von St. Nicolaus zu Recht bestehen, die sich in der Tradition erhalten haben können. Das Geburtsjahr Orlando's betreffend halte ich ihn aber für einen völlig unglaubwürdigen Zeugen, und bin der Ansicht, dass er das Jahr 1520 mitsammt der Karl V. betreffenden Stelle aus Adam's *Vitae* abgeschrieben hat.[3]

---

[1] *Mémoires pour servir a l'histoire littéraire des Pays-Bas Louvain* 1767. S. 229.
[2] Ich benütze die Ausgabe Mons 1852 bei Emm. Hoyois.
[3] Das durch Vergleichung der vorgeführten Quellen gewonnene Resultat,

Es wird sich nun zunächst darum handeln, Quickelberg's Angabe 1530 gegen Adam zu vertheidigen. Zu diesem Behufe setzen wir nunmehr in die anderweitigen Nachrichten des belgischen Arztes die Daten ein.

Als erste Nachricht begegnet uns hiebei die Belagerung von St. Didier durch Ferdinand Gonzaga; die Historie lehrt uns, dass dieselbe 1544 stattfand; Lasso musste also 14 Jahre alt sein, als er zum Befehlshaber Karls des Fünften kam. Nun fährt Quickelberg fort: *cum eo ... conuixit, donec post sexennium vocem, ut fit, mutari coepisset. Ergo 18 aetatis .... Neapolim ductus.* Gewöhnlich pflegt $14 + 6 = 20$ zu geben; Quickelberg aber plaidirt für 18. Hier steckt also ein offenbarer Widerspruch des Autors in sich selbst, eine der Angaben ist unrichtig. Zuverlässig erscheint 1544, denn hier hätte Quickelberg St. Didier erfinden müssen, während er sonst nur bei Daten irren konnte. In zweiter Linie erscheint aber auch *18 aetatis* durch den Zusatz *donec vocem mutari coepisset* glaubhaft, die Mutation vollzieht sich bei Knaben zwischen 14—18 Jahren, kaum aber später. Es kann also nur *post sexennium*[1] falsch sein, und Lasso war nur 4 Jahre, bis 1548, bei Gonzaga, oder es ist 1530 falsch und Orlando's Geburtsjahr ist 1532.

Rechnen wir nun mit beiden Factoren weiter, bis zum nächsten festen Punkt, so ergeben sich folgende Reihen:

Vinchant's Glaubwürdigkeit auch in diesem Punkt zu bezweifeln, hatte auf directem Wege auch Schafhäutl gewonnen und ausgesprochen in seinem Aufsatze »über das wahre Todesjahr des Orlandus Lassus«, Beilage zur Allg. Zeitung 1851, Nr. 342. — Dehn besaß freilich nach Eitner's Mittheilung Monatsh. f. M. VI, S. 108 in seinem Nachlass noch Aufzeichnungen, die 1520 des weiteren stützen sollten:

1) Nachricht von einem Drucke des Jahres 1560, der das Pariser Portrait »Aetatis svae 39« enthalte. Dehn will auch Motetten von 1545 im Liceo von Bologna gekannt haben (Eitner, Lassovers. 1545); nunmehr Gaspari's Katalog erschienen ist, zeigt sich, dass ein derartiges Werk in Bologna nicht vorhanden ist. Bevor uns demgemäß jemand die betr. Ausgabe von 1560 nicht gezeigt hat, sei es gestattet, ihre Existenz zu bezweifeln.

2) Habe man ein altes Register gefunden: »*Escole des jeunes enffans choraulx de Monseigneur Sainct Nicolay en la reu de Hayrch*«, worin es geheißen habe: »*Orlando Lassus, anno 1532 aetate 12*«; dasselbe werde der *Société des bibliophiles* in Mons geschenkt werden. Herr Jules Declerc in Mons, Secretär der *Société des sciences* etc. du Hainaut, theilt mir freundlichst mit, daß die *Société des bibliophiles* kein derartiges Manuscript besitzt.

[1] Ich habe auch daran gedacht, es möchte *sexennium* irgend ein verdorbenes bez. verdrucktes Wort an Stelle eines mit *serus* zusammenhängenden ursprünglichen Ausdrucks »nach der Geschlechtsreife« oder dergl. ersetzt haben. Allein in der deutschen Ausgabe von 1570 heißt es auch nach »6 Jahren«.

Ausgangspunkt . . .	1548	1550
3 Jahre in Neapel . .	1551	1553
2½ Jahre in Rom . .	1553½	1555½

Hierbei ist vorausgesetzt, dass die Angaben 3 Jahre Neapel *(tribus forte annis)* und 2½ Jahre Rom *(6 mensibus, postea peracto biennio)* zwar runde Ziffern, aber im Allgemeinen richtig sind. Nun ist aber 1555 als Bestimmung des Zeitpunktes, wo Lasso Rom verließ, zweifellos falsch, wenn man Orlando's Theilnahme an der Reise Cesare Brancaccio's als glaubhaft annimmt; denn letztere sind wir in der Lage zuverlässig zu datiren, indem am 2. Juli 1554 Renard, Gesandter Karls des Fünften am englischen Hof, dem Kaiser die Mittheilung macht . . . *Il y a i·ry arrivé ung gentilhomme neapolitain, nommé Julio César Brancatiano* (in späterem Bericht: Brancazo) *. . . et a amené sept ou huitz seruiteurs avec luy . .*[1].

Lasso selbst erwähnt aber seines Besuchs in England bei zwei gegebenen Gelegenheiten nicht, sondern sagt in der Vorrede seiner Madrigale etc., datirt 13. Mai 1555 *»fatiche mie fatte in· Anversa dopo la tornata mia di Roma«* und spricht in der Dedikation der 5 st. *Cantiones sacrae* an Albrecht V., datirt Venedig 1. November 1562, nur von Italien, Frankreich und Flandern, die er durchwandert habe. Dies stellt die ganze Angelegenheit in Frage. Ausgangspunkt 1550 würde zu Recht bestehen, Orlando wäre 1532 geboren.

Andererseits ist es doch ein merkwürdiges Zusammentreffen, und besonders angesichts Lasso's Aufenthalt in Neapel, dass sich eine Reise, die er mit einem musikverständigen Neapolitaner gemacht haben soll, als thatsächlich von dem Betreffenden ausgeführt herausstellt. Fand sie also wirklich unter Lasso's Theilnahme statt und Letzterer hatte vielleicht seine Gründe, dieselbe 1555 nicht bekannt werden zu lassen oder gerade seinem Fürsten gegenüber darauf anzuspielen, so müsste Ausgangspunkt 1548 in Kraft treten. Man weiß nicht, ob *dopo la tornata mia di Roma* nicht vielleicht so zu deuten ist, dass Lasso von Antwerpen aus nochmals auf kurze Zeit nach Rom zurückgekehrt war. Das Datum 1548 hatte außerdem noch etwas für sich: die Heirat von Gonzaga's kunstsinniger Tochter Hippolita, mit der man die Abfertigung Orlando's wohl in Zusammenhang bringen könnte, obwohl Gonzaga 1550 nachweislich einen Musiker (Orfeo Vecchi) in seinem Dienst hat[2].

[1] *Papiers d'état du Cardinal de Granvelle.* Paris 1843, Tome IV, S. 270.
[2] Canal, P., *Della Musica in Mantova. Memorie del R. Istituto Veneto XXI*, S. 732, laut Dokument vom 25. Januar 1550. Dessen Wortlaut bei Bertolotti, A., *Musici in Mantova*, Milano 1890, S. 36. War er mit Lasso zusammen? sein

Bei diesen bis jetzt unentwirrbaren Widersprüchen müssen wir uns, was die unanfechtbar genaue Bestimmung der Zeit 1530 betrifft, Quickelberg gegenüber zunächst bankrott erklären. Dagegen ist, sind nicht alle bezüglichen Mittheilungen dieses Autors — dass Lasso überhaupt zu Gonzaga kam, dass er vor St. Didier zu ihm kam, dass er ihn verließ, als er die Stimme wechselte [1] — erfunden, Adam's Angabe 1520 durchaus unmöglich, da Lasso dann mit 24 Jahren zu Gonzaga gekommen wäre, mit 28 Jahren mutirt hätte, und was dergleichen Unsinn mehr ist.

Glücklicherweise existiren aber auch eine Reihe sonstiger p o s i - t i v e r, zeitgenössischer, zum Theil sogar in München von Männern, die Lasso persönlich kennen mussten, gemachter Angaben, betreffend des Meisters Geburtsjahr. Wir wollen hier nicht weiter betonen, dass das Jahr 1530 in der zweiten deutschen Auflage der Prosographien nach 5 Jahren unverändert wieder abgedruckt wurde, sondern stellen nunmehr das angedeutete Material nachfolgend zusammen.

1. Bd. II S. 188 der Lasso'schen Bußpsalmen [2], der herrlichen von Maler Müelich und seinen Gesellen ausgezierten Pergamenthandschrift genannten Werkes, enthält ein Portrait Orlando's in ganzer Figur mit der Unterschrift: *Imago excellentissimi musici Orlando di Lassus, suae aetatis 40 anno.* S. 188 ist die vorletzte des ganzen Bandes, der Band selbst wurde laut Aufschrift an ihm selbst 1570 [3] vollendet [4]. Außerdem wiederholt die dem Prachtwerk beigegebene Erläuterung: »*Imago etc. Aetatis XL Anno*«; der Erklärer ist aber hier nicht, wie man allgemein annimmt, wiederum Quickelberg. Quickelberg's Thätigkeit hat mit seinem Tod 1567 ein Ende, der Abschluss des 2. Beschreibungsbandes aber ist 20. Juni 1570 datirt und wurde wahrscheinlich durch C a s p a r L i n d e l, *Doctor Svae Cels. A. Consiliis et Secretis* herbeigeführt, dessen Portrait im 2. Band S. 158a neben dem Schreiber beider Bände Frieshamer die Bd. I S. 131 von Quickelberg eingenommene Stelle hat.

Nachfolger? Sodann heißt 1554 *H o s t e da Reggio maestro della musica* des Vicekönigs auf dem Ferrante und Isabella Gonzaga gewidmeten 1. und 2. Buch fünfstimmiger Madrigale, wie dem ersten der Madrigale mit 3 Stimmen, die dieser Künstler im gleichen Jahr eben der erwähnten Donna Hippolita widmete.

[1] Die Adam doch selbst nachschreibt!

[2] Hof- und Staatsbibliothek München. Cim. 207. I. II.

[3] Delmotte — D. S. 105 giebt irrthümlich 1565 an, die Vollendungszeit des ersten Bandes.

[4] Laut Beilage I, 1571, S. 134 erfolgte die Abrechnung am 21. Januar dieses Jahres. Müelich verlangte für beide Bände 4140 fl. (eingerechnet 1800 fl., die er schon 1566 erhalten hatte, cf. unten) und bekam im Ganzen 3600 fl. ausbezahlt.

Porträt Lasso's vom Jahr 1565.

Orlando di Lasso im 39. Lebensjahr.

Es ist — übereinstimmend mit unseren Ermittelungen zu Un-
gunsten Adam's — ausgeschlossen, dass das Portrait Orlando's einen
50jährigen Mann darstellt. (Abbildung bei Delmotte 1. Blatt, desgleichen bei Kist.)

2. Bd. I. S. 222 der Bußpsalmen enthält ein kleineres Portrait von
Lasso (Brustbild), S. 222 ist die vorletzte Seite des ganzen Bandes,
dieser selbst wurde laut Aufschrift 1565 abgeschlossen[1]. Es ist unmöglich, dass dasselbe einen 45jährigen Mann darstellt, dagegen
passt es vortrefflich zum Alter von 35 Jahren und steht in richtigem
Verhältnis zu dem Bild eines Vierzigjährigen, als das wir unter 1.
bezeichneten. (Unsere Abbildung 2.)

3. In Orlando's Werk Mellange etc. 1570, erschienen bei Adrian le
Roy und Robert Ballard in Paris, befindet sich ein Portrait (Holzschnitt) mit der Aufschrift *Aetatis svae 39* unseres Meisters. Lasso's
persönliche Bekanntschaft mit dem Drucker A. le Roy beweist die
Vorrede des Letzteren zum *Liber primus Modulorum*, Paris 1571,
aus der hervorgeht, dass Orlando bei seinem Besuch Juni 1571 in
Paris bei le Roy wohnte.

Der Holzschnitt ist mäßig, doch ist es unmöglich, dass derselbe
einen im 49. Jahre stehenden Mann darstellt. *Aet. suae 39* im Jahre
1570 kann sehr wohl bedeuten 1530 geboren. In späteren Drucken
findet sich das Portrait wohl wieder abgedruckt[2]. Vor 1570 aber ist
es nirgends nachzuweisen. (Unsere Abbildung 3.)

4. Das Fickler'sche Inventar der Herzogl. bayerischen Kunst-
kammer von 1598[3] enthält unter No. 3328 folgenden Eintrag »O.
di Lassus des berüemhten Componisten s e i n e s A l t e r s 5 0 J a r g e -
m a l t A n n o 1 5 8 0«; nach der Angabe Reber's ist das in der k.
Galerie zu Schleißheim befindliche Portrait Lasso's (Inv. 3799) eine
Copie des hier verzeichneten Bildes, dessen Original, wie Jos.
Bayersdorfer's Schleißheimer Catalog (No. 639) sagt, Hans von
Aachen (?) malte.

Glücklicherweise lässt sich aber nicht blos diese Copie nachweisen, obwohl ihre mit Fickler's Angabe übereinstimmende Aufschrift *Aet. svae L 1580* hier für unsere Zwecke genügen würde,
sondern ein zeitgenössisches, ursprünglich vortreffliches nach dem
Leben gemaltes Portrait Orlando di Lasso's, wohl zweifellos das von

---

[1] Laut Beilage I 1566 erhielt Mßlich Honorar zuerst 1000, dann (S. 139 a) 800 fl.
[2] cf. E i t n e r, Lasso-Verzeichnis S. XXI.
[3] v. R e b e r, die Bildnisse der herzogl. bayr. Kunstkammer nach dem Fickler'-
schen Inventar von 1598. Sitzungsberichte der philosophisch-philologischen und der
hist. Classe der k. bayr. Akad. der Wissensch. 1893, Heft 1, S. 54.

Fickler gemeinte Bild und möglicherweise von Hans von Aachen[1] gemalt, mit der Aufschrift *Aet. svae L 1550*. Dies Portrait ist Eigenthum des in seiner Geschichte mit Lasso eng verknüpften kgl. Erziehungsinstitutes zu München,[2] und hängt daselbst über der zum Musikchore der Studienkirche vom Institut aus führenden Ausgangsthüre.[3] (Unsere Abbildung 4.)

Sieht man von der Altersbestimmung nach dem Aussehen ab, so könnte man gegen 1. und 3. immerhin einwenden, es sei nicht erwiesen, dass die jeweilige Jahrzahl mit dem Entstehungsjahr des Bildes identisch sei, auch könne *Aet. svae 39* bedeuten 38 Jahre alt.

Im Zusammenhang mit unserem Originalportrait aber, dem Aussehen des Porträtirten, der Angabe Quickelberg's, der Bibliographie, die nachweislich vor 1555 kein Werk von Lasso verzeichnet, so dass er also seine Laufbahn erst mit 35 Jahren begonnen haben müsste (ohne die bereits verzeichneten aus andern Lebensdaten resultirenden Unsinnigkeiten), ist doch wohl **1520 als vollständig beseitigt zu betrachten** und könnte man 1530 als das unumstößliche Geburtsjahr

---

[1] Die nachweisliche Autorschaft Hans von Aachen's als Lasso's Schwiegersohn würde natürlich die Kraft dieses Dokuments noch verstärken; allein die biographischen Nachrichten über das Leben dieses Künstlers (1662—1615) geben keine bezüglichen Aufschlüsse, vielmehr ist er erst 1590 in München nachweisbar. Er heirathete Lasso's Tochter Regina. cf. *Parnassus boicus* 1736, S. 44; Ambros III, S. 348, Anm. 1. Allg. deutsche Biographie, Artikel Achen, Johann von.

[2] Wir werden später noch davon zu handeln haben. Stubenvoll, P. Beda, Geschichte des kgl. Erziehungsinstituts (München Lindauer 1874. S. 150) giebt irrthümlich an Aet S. LI, indem er einen malerischen Schnörkel für I liest. Es heißt aber ganz deutlich L.

[3] Herr Conservator Professor Hauser, eine Autorität ersten Ranges in derlei Dingen wie bekannt, hatte die besondere Güte, mich vor diesen Original-Lasso zu begleiten. Sein Urtheil gieng dahin, »dass das Bild zweifellos zeitgenössisch und nach der Natur gemalt ist; doch ist es natürlich stark nachgedunkelt und durch eine, etwa Anfang des 19. Jahrhunderts vorgenommene theilweise Übermalung des Gesichts etwas verdorben. Die Züge, bez. die Ähnlichkeit haben hiedurch zwar nicht hervorragend gelitten, immerhin ist die rechte Wange in Mitleidenschaft gezogen, ebenso Mund und Nase, die hierdurch ihre ursprüngliche Richtung etwas verloren hat. Gegenwärtig erkennt man unter der aufgemalten Nase mit Spitze die alte Spitze wieder heraus. Die Stirn ist ganz unverdorben und hat den alten Ton. Das Bild ist zweifellos von einem guten Meister. — Man kennt Hans von Aachen zu wenig als Porträtmaler, um ihm das Bild mit absoluter Bestimmtheit zutheilen zu können, doch spricht für seine Autorschaft die außerordentlich fein behandelte Hand und das in derselben gehaltene Medaillon. Die Art, wie auf dasselbe eine (nicht erkennbar ob Heiliger oder dergleichen — auf der Schleißheimer Kopie ist es König David —) Figur hingeworfen ist, gehört Hans von Aachen an. Das Bild ist auf der alten, noch nicht unterlegten Leinwand, kam aber, vermutblich zur Zeit der erwähnten Übermalung, in einen neuen Rahmen.« —

Orlando di Lasso Act. svac L. 1580.

Orlandos aufstellen — stünde des Meisters Reise mit Brancaccio fest und wäre der Stich Johann Sadelers nicht. — *Nobili et eximio viro dño Orlando de Lassvs* . . . . *mvsici chori prefecto Johann Sadeler eiusdem Principis chalcographus, obserūat ergo scalpsit et dedicavit* ist das verhängnisvolle Blatt unterschrieben, das mit seiner Angabe *Aetat. svae LXI Annno Dñi 1593* wohl noch lange den unlöslichen Rückstand bei der Geburtsjahranalyse des großen Meisters bilden wird. [1]

Gleich den angeführten Zeugen Lindel, Müelich, A le Roy und (?) Hans von Aachen hat, wie man sieht, Sadeler [2] Lasso persönlich gekannt, mit ihm, seinem Landmann, mehrere Jahre am gleichen Hofe gelebt. Sein Zeugnis wird verstärkt dadurch, dass er nach Lasso's Tod von seinem Stiche auch noch zweite Abdrucke cursiren ließ [3], die nicht etwa eine Correctur der Daten, sondern den Zusatz Obiit 1594 aufweisen. Endlich durch die Nachbildung seines (des Sadeler'schen) Stichs auf dem Titelblatt der Lagrime di S. Pietro, (deren Dedication Orlando wenige Tage vor seinem Tod unterm 24. Mai 1594 noch selbst zeichnete) mit der Angabe *Aetatis Svae LXII Anno 1594.*

Es ist kein Zweifel, in den letzten Jahren seines Lebens glaubte sich Lasso 1532 geboren, und seine Familie war seiner Meinung, denn auch die von Sebastian Bauer aus Haidenhaim gedichtete Grabschrift besagt *Post lustra ab hiemes sena is acta duas* = 62 Jahre alt sei er gestorben.

Gerade hier aber scheint mir, wäre einzusetzen und die große Wahrscheinlichkeit zu betonen, dass 1530 das richtige Geburtsjahr ist. Denn fünf verschiedenen Angaben von 1565, 1570 und 1580, gemacht von Orlando in jungen und männlichkräftigen gesunden Jahren seines Lebens stehen gegenüber die Ergebnisse einer auf mehr oder minder schwankender Basis fußenden Rechnung und Angaben eines alten, und wie nachweisbar zeitweise seiner geistigen

---

[1] Abbildung 6.

[2] Joh. Sadeler, das Haupt der bekannten Kupferstecherfamilie, geboren zu Brüssel 1550, war am bayerischen Hofe angestellt 1589—95. — Außer von Sadeler, dem schon erwähnten von de Bry etc. giebt es noch eine Anzahl anderer, Lasso darstellender Kupferstiche, zum Theil gleichfalls mit gefährlich aussehenden Jahreszahlen. Wir behandeln dieselben in einer Betrachtung sämmtlicher bis jetzt auffindbaren Lasso-Abbildungen im weiteren Verlauf dieser Untersuchungen.

[3] Reproducirt bei N a u m a n n, illustr. Musikgeschichte. Berlin und Stuttgart 1886. Bd. I, S. 356. Leider mit der Unterschrift »von dessen Zeitgenossen«, dem französischen Kupferstecher Amelingue«. Eine weitere Reproduction mit kurzer Lebensscizze im Allgemeinen histor. Porträtwerk N. Ausg. Liefg. VI, München s. a. Bruckmann.

Kräfte nicht mehr ganz mächtigen Mannes, die ihn zumal um eiu kleines verjüngen. Auf welche Seite da die Schale sich neigt, möge der geneigte Leser nach eigenem Ermessen entscheiden. Nach des Verfassers persönlicher Meinung ist Orlando 1530 geboren.

Auch Lasso's Name hat seinen Biographen Schwierigkeiten gemacht. Delmotte entscheidet sich für Lassus, weil ein Nicasius de Lassus im Jahre 1391 das »vidimus der Urkunden des Hennegau unterzeichnet« hat[1]. Auch wir halten diese Form für die ursprünliche, denn es lässt sich beobachten, dass Orlando von ihr Gebrauch macht, wenn er vom Territorium seiner Muttersprache aus schreibt und dass dort, in Belgien und Frankreich dieselbe fast ausschließlich von den Zeitgenossen gebraucht wird. Im Übrigen hat Lasso, wie eine kleine statistische Aufstellung uns beweisen soll, sich selbst geschrieben, wie es ihm gerade einfiel.

Von 51 Originalbriefen sind unterzeichnet:

Orlando Lasso	35
Orlando di Lasso	3
Orlando de Lasso	1
Orlando allein oder mit einem spaßhaften Zusatz .	5
Orlandus Lassus	1
Orlando di Lassus	2
Orlando de Lassus	4

Von z. B. 13 in Drucken seiner Werke enthaltenen vom Componisten gezeichneten Dedicationsbriefen sind gezeichnet:

Orlandus de Lasso . .	2
Orlandus Lassus . . .	1
Orlandus di Lassus . .	4
Orlando di Lassus . .	5
Orlande de Lassus . .	1

wie man sieht zehnerlei verschiedene Schreibarten. Die überwiegende Anzahl »Orlando Lasso« erklärt sich aus dem überaus vertraulichen Ton des Briefwechsels mit Herzog Wilhelm V. von Baiern, aus dem sie größtentheils resultiren. Im gewöhnlichen Leben hieß der Künstler wie üblich schlankweg Orlando. — Noch heute heißt das ehedem seiner Tochter gehörige Haus zu Schöngeising traditionell dortselbst

---

[1] Delmotte-D., S. 5. Beauvais (Diclionn. Histor. Ausgabe von Barbier p. 1640 Paris 1826) meint, Lasso's ursprünglicher Familienname sei »van Müde« gewesen.

Orlandohaus und der Magistrat von München hat nicht übel daran
gethan, die dem Meister gewidmete Münchener Straße Orlandostraße
zu nennen.

Lasso aber, die italienische Form, musste Wilhelm V., der eifrige
Importeur italienischer Künstler und Artisten zur Zeit der Corre-
spondenz, lieber hören als das feierliche Lassus.

Über des Künstlers erste Lebensjahre liegen uns bis jetzt nur
Quickelberg's und Vinchant's[1] Bericht vor. Delmotte-D., zweifelt
die dreimalige Entführungsgeschichte unseres Gewährsmannes an,
kraft seines blinden Vertrauens zu Vinchant, der derselben nicht
erwähnt.

»Il fut né donc en la rue dite Guirlande, à l'issue de la maison
portant l'enseigne de la Noire Teste; il fut enfant de choeur en l'eglise
de Saint-Nicolas de la rue de Havrecy. Après que son père fut, par
sentence judicielle, contraint de porter en son col un pendant de fausses
monnoies avec iceluy faire trois pourmaines publiquement à l'entour
d'un hour dressé, pour avoir esté convaincu d'estre faux monnoyer.
Le dit Orland, qui s'appeloit Roland de Lattre, changea de nom et
surnom, s'appellant Orland de Lassus, et ainsy quitta le pays et s'en
alla en Italie avec Ferdinand Gonzague . . . .«

Wir sehen keinen Grund, warum sich die behauptete Entführung nicht mit diesen Angaben vertragen sollte, auch denkt
Delmotte nicht ganz logisch, wenn er hier den Annalen entnimmt,
dass der junge Musiker nach der angeblichen Falschmünzeraffaire
sein ursprüngliches Lattre in Lassus verändert habe, nachdem er
vorher Lassus nach Urkunden des 14. Jahrh. für die ursprüngliche
Form erklärt hat. Nun ist die Sachlage aber so, dass man Quickelberg, der Lasso dreimal stehlen lässt, wohl glauben kann. Analoge
Fälle sind verbürgt;[2] sodann ist verbürgt, dass dagegen Vinchants
Bericht von Orlando's verbrecherischem Vater nachweislich we-
nigsten in den angegebenen Wirkungen unrichtig ist.
Wir verdanken diese Ermittelung Matthieu, der in seiner bereits
erwähnten Biographie montoise S. 75 ff. feststellt, dass allerdings im
16. Jahrh. ein Jehan de Lassus als Falschmünzer verurtheilt wurde,
und zwar nicht bloß zu dem Spaziergang um den Thurm, sondern zur

---

[1] A. a. O. S. 232.
[2] So schreibt der päpstliche Legat in Frankreich Giov. Salviati an seinen Vater
9. Nov. 1528 . . . e più un putto che si è sviato e rubato . . . Haberl, »Die rö-
mische schola cantorum« etc. Vierteljahrschr. f. M. III, S. 261.

Auspeitschung mit Ruthen an einem Brückenpfahl und Ausweisung; dass aber dieser Vorgang nicht in Orlando's frühe Jugend, sondern das Jahr 1550 fällt. (Stadtarchiv Mons, *registres des sentences criminelles* 1523 —). Außerdem theilt uns Mathieu mit, dass es zu jener Zeit sehr viele »de Lattre« in Mons gab und erwähnt bis 1600 noch vier Mitglieder der Familie, die mit den Hütern des Rechts in Konflikt gerathen waren, darunter einen weiteren Jehan. Nun könnte immerhin der Obengenannte des zur Zeit des Vorfalls zwanzigjährigen Orlando Vater († zwischen 1553 und 1555) sein. Auch erinnern wir uns Johann's de Lasso, Altisten in der Münchener Cantorei, dessen die Hofzahlamtsrechnungen 1568, 69 und 70 erwähnen. Irgend welche Wahrscheinlichkeitserwägungen anzustellen erscheint mir aber ziemlich müssig. Vielleicht fördern doch noch die Archive von Mons über des Künstlers Eltern, wie auch sonst seine erste Jugend, die musikalischen Verhältnisse der Stadt 1530 (32)—44, speciell die Musik an der Nicolauskirche (Kapellmeister und Sänger) über Orlando's Schulmeister etc. Material zu Tag[1].

Ferdinand I. Gonzaga, der Begründer der Linie von Guastalla, ist geboren am 28. Januar 1507 als Sohn Johann Franz II., des vierten Marchese von Mantua und der Isabella d'Este. Während sein älterer Bruder Friedich II. der erste Herzog von Mantua wurde, zeichnete sich Ferdinand I. als General Karls V. in ganz hervorragender Weise aus. Bis zur Belagerung von St. Didier hatte er schon in Italien, den Niederlanden, Ungarn, wie wider die Türken gekämpft, war 1535 nach der Belagerung von Tunis Vicekönig von Sicilien geworden, hatte Karl V. in die Provence begleitet, 1543 den Congress von Busseto zwischen Karl V. und Papst Paul III. mitgemacht. Die Belagerung von St. Didier begann unter Gonzaga's Oberleitung am 8. Juli 1544, am 17. August zog die Besatzung ab[2]. Innerhalb dieser Zeit also muss der kleine Orlando dem Feldherrn zugeführt worden sein. Auf wessen Veranlassung dies geschah, ist nicht bekannt. Nicht unerwähnt aber will ich lassen, dass der jüngere Granvella (Antonio Perenot) seit 1540 Bischof von Arras, der Belagerung beiwohnte — er soll durch einen gefälschten Brief an den Kommandanten Sancerre sogar die Übergabe der Festung herbeigeführt haben — der Mann, dem Lasso 1556 das erste Buch der 5 und 6 st. Motetten widmete; obwohl der Anfang der Vorrede »*Da ch'egl'e piaciuto a la*

---

[1] Eitner nennt in seinem Verzeichnis von Hilfsbüchern zum Studium der Musikgeschichte für Lokalgeschichte der Stadt Mons das mir leider unzugängliche Werk von Devillers.

[2] Henne, A., *Histoire du Règne de Charles Quint en Belgique*. Bruxelles et Leipsig 1859. Tome VII, S. 161 ff.

mia buona fortuna, che le grauissime orecchie di V. S. Ilustriss. Si dilettino de la mia musica, den Schluss nicht gestattet, als ob Gran-vella den kleinen Orlando vielleicht schon früher gekannt oder am Ende schließlich nach St. Didier zu kommen veranlasst habe.

In der Lebensbeschreibung F. Gonzagas, die sein Secretair Goselino verfasst hat[1], fahndet man vergeblich nach den Beweisen ausgesprochener Kunstliebe bei Lasso's erstem Brodherrn, worüber später mehr. Dagegen berichtet Litta in seinen *Familie celbr. ital.*, dass Ippolita (des kinderreichen Ferrante elftes Kind, 1548 mit dem Herzog von Tagliacozzo, 1554 mit Antonio Caraffa von Mandragone verheirathet[2]) wie schon erwähnt, allen schönen Künsten hold gewesen sei, so dass Ferrante vielleicht auch abgesehen von der Modegewohn-heit großer Herren, Musiker zu halten (S. 3, Anm. 2) seiner einzigen Tochter zu Kurzweil und Unterricht den gleichaltrigen Knaben bei sich hielt. — Der Zug der kaiserlichen Armee ging von St. Didier auf Umwegen gegen Paris los. Vor Soissons indes begannen die Frie-densverhandlungen; sie endigten mit dem Frieden von Crespy am 14. September 1544.

Lasso spricht später einmal seinen besondern Wunsch, Paris kennen zu lernen, aus. Es erklärt sich dies besonders wenn man erfährt, dass der Künstler zu wiederholten Malen französischen Boden betreten hatte ohne die Hauptstadt kennen zu lernen. Gleich zu Anfang seiner Wanderjahre — denn nach Quickelberg befand er sich seit St. Didier in Gonzaga's Umgebung — führte ihn das Ge-schick in die unmittelbare Nähe von Paris.

Karl V. schickte nämlich seinen Feldherrn zu Franz I. nach Fontainebleau, um über die Ausführung der Friedensabmachungen einige Verhandlungen zu pflegen — ein Besuch, der Lasso sogleich mitten in die glänzendsten Verhältnisse versetzen musste, ein greif-barer Ausgangspunkt für des Künstlers spätere nachweisbar hervor-ragende Geschicklichkeit im Umgang mit Fürsten und großen Herrn.

Ferdinand Gonzaga blieb eine Reihe von Wochen an Franz I. Hof, untergebracht in den Gemächern des Dauphin, ständig an der Tafel des Königs, gefeiert wie wenn er für den König von Frank-

---

[1] Goselinus, Giulian. *Vita dell' Illustrissimo et generosissimo Sig. D. Fer-rando Gonzaga.* In Venetia 1579. Gosellino ist 1525 zu Rom geboren, der Vater stammt aus der Gegend von Nizza, die Mutter aus Bologna. S. Opitorgino, *F. M., Vita di G. Goselino* als Einleitung zum Neudruck von *Goselino's Congiura di Piacenza* in *Bonucci's Delizie, Quinta Pubbl.* Firenze 1564. Ursprünglich war G.'s Familie aber wohl deutsch und nannte sich Kosel.

[2] *Ferraris Aimé, Notice Historique et Généalogique sur la Famille ... de Gonzaga.* Turin 1851. S. 80.

reich seine Siege gewonnen hätte. Endlich trat er, auf's Reichste beschenkt, die Rückreise nach Sicilien an. Letztere verzögerte sich indes durch nicht ganz aufgeklärtes Missgeschick beträchtlich, denn die Ankunft in Palermo erfolgte erst 1. November 1545. Goselino übergeht das ganze hierzwischenliegende Jahr mit Stillschweigen; Di-Blasi[1] erzählt, Gonzaga sei zu Mailand von einer tödtlichen Krankheit befallen und hierdurch lange dortselbst zurückgehalten worden, bis er sich mit den Seinen zu Genua habe einschiffen können. Maurolycus[2] dagegen lässt Fernando und seine Frau in Mantua beide durch Krankheit zu verweilen gezwungen erscheinen, und von hier über Genua zurückkehren (*cum sua et uxoris adversa valetudine Mantuae teneretur, ubi convaluit, in Siciliam cum uxore et liberis classe Genuensi vectus transfretavit*), während Gallo[3] hinwiederum nur von einer Krankheit der Vicekönigin zu berichten weiß, ohne Angabe des Orts, an dem die Familie deshalb verbleiben musste.

Wie dem auch sei, Lasso hatte auf dem Zug durch Frankreich und Ober-Italien bis zur Ankunft in Palermo mancherlei Land und Städte gesehen; und in Sicilien war des Verweilens erst recht nicht. Nach kurzer Zeit ernannte Karl V. Fernando auch zum Statthalter von Mailand, nach kaum halbjährigem Aufenthalt ging es (Mai 1546) wieder zu Schiff[4].

Indes fällt in den Aufenthalt zu Palermo ein Ereignis, das zu registriren ich nicht unterlassen darf, nämlich die Hochzeit eines Sohnes unseres Vicekönigs mit Diana Cordona. So wenig ungewöhnliches der Vorgang bietet, soll doch verzeichnet werden, dass — wie Maurolycus eigens erwähnt — unter den sonstigen Festbelustigungen »*Comediae plures in aedicula D. Nicolai magno populi concursu recitabantur*«.

Di-Blasi erzählt, Gonzaga habe sich zuerst an den kaiserlichen Hof begeben, um mündliche Instruktionen für sein neues Amt zu holen. Der Kaiser befand sich damals (Juni 1546) zu Regensburg, es war kurz vor Ausbruch des schmalkaldischen Kriegs. Es ist wohl nicht anzunehmen, dass Quickelberg Lasso's erstes Betreten von

[1] Di-Blasi, Giov. E., *Storia del Regno di Sicilia*. Palermo 1847, S. 41.
[2] Maurolycus, Franc., *Sicanicarum rerum compendium*. Messanae 1716. S. 230.
[3] Gallo, C. D., *Annali della citta di Messina*. Messina 1758. S. 533.
[4] Die Herren J. Giorgi, Direktor der Bibliot. nazionale und R. Starrebba, Direktor des kgl. Archivs in Palermo, hatten die Güte, nicht nur in den Beständen ihrer Anstalten, sondern auch in dem Kapellarchiv des kgl. Palastes in Palermo Recherchen zu unternehmen und zu veranlassen. Leider hat sich nicht das geringste musikalische, literarische oder archivalische Dokument über Lasso's Aufenthalt in Sicilien ermitteln lassen.

Ländern deutscher Zunge, eine so weite Reise unverzeichnet gelas-
sen hätte. Goselino erwähnt nichts Bezügliches, sondern spricht von
einer *partenza per andare a Milano*, erzählt dagegen ein artiges
Abenteuer, das dem Schiff des Vicekönigs kurz nach der Abfahrt
von Sicilien begegnete[1].

Gonzagas Abberufung hatte sich rasch verbreitet, ebenso der Tag
seiner Abreise und die Zahl seiner Schiffe. Bei dieser Gelegenheit
gedachten nun die Corsaren der angrenzenden Meerestheile einen guten
Fang zu thun; als die Flotille des Vicekönigs von 10 Galeeren auf die
Höhe von Capri kam, sah sie sich von einer etwa dreißig Fahr-
zeuge starken Seeräubergesellschaft erwartet. Gonzaga hatte seine
Frau, alle seine Kinder, seinen ganzen Hausrath, den gesammten
Apparat der Hofhaltung eines großen Herrn an Bord, es galt demnach zu siegen oder alles zu verlieren. So lief er denn direkt auf
die Feinde los und in richtiger Berechnung, dass von dieser Asso-
ciation keiner dem Andern helfen, sondern Jeder auf eigene Faust
operiren würde, erreichte er thatsächlich, dass immer der Angegriffene
und so einer nach dem andern die Flucht ergriff. Was uns hier
diese Geschichte interessant macht, ist der Umstand, dass dem jungen
Orlando die Realität des täglichen Lebens einer Existenz des 16.
Jahrhunderts kennen zu lernen nicht erspart blieb, wo man heute
an einem Fürstenhofe in glänzendstem Luxus die herrlichsten Feste
erleben, morgen irgendwo zu Lande, oder Wasser beiläufig todt-
geschlagen werden konnte — Dinge die wir bei seiner Charakterzeichnung werden zu berücksichtigen haben. In Mailand verblieb,
je nachdem wir also Quickelberg Glauben schenken wollen, Lasso
nunmehr bis 1548 oder 1550. In diese Zeiten fällt ein Besuch Philipps II.[2], Karls V. Sohn, in Mailand (womit er 5. Juli 1546 be-
lehnt worden war) im Jahre 1548. Gonzaga machte den Wirth und
verband dem hohen Besuch die (erste) Vermählung seiner Tochter
Hippolita mit, wie schon erwähnt. Fabritio Colonna Herzog von Tagliacozzo. Von der Pracht der an diese Vorgänge sich knüpfenden
Feste, ihrem großartigen Aufwand und Luxus weiß Goselino nicht
genug zu rühmen[3]. Zweifelsohne spielte die Musik dabei eine
bedeutsame Rolle, doch fehlt hierüber jegliche Nachricht. Der Charakter der zeitüblichen Musik-Verwendung ist aus Kiesewetters Be-
schreibungen in »Schicksale und Beschaffenheit des weltl. Gesanges«
(Lpzg. 1841, S. 26 ff.) u. A. bekannt; er ist, wie wir später sehen werden,

---

[1] A. a. O. S. 41 ff.
[2] Verri, P., *Storia di Milano* Tom. III, S. 153.
[3] A. a. O. S. 450.

derselbe 1568 in München bei Wilhelms V. Hochzeit. Ähnliches mit-
erlebte Herzog Ferdinand von Baiern 1565 am Medicäerhofe (Kiesewetter S. 32. Ausführlicheres hierüber im zweiten Buche dieser Arbeit.)
Dass in Mailand die gleiche Praxis geübt wurde, erhellt auch aus
dem, wenige Jahre nach Lasso's Weggang daselbst im Hause Gio.
Batt. Castaldo's Marchese di Cassano gefeierten Tournier von 1558.
Da finden wir die ständigen allegorischen Darstellungen, von Musik
»höchst lieblich« begleitet, Venus, Apollo und die Musen, den ganzen
Apparat der Renaissance, die Keime der Oper [1]. Möglicherweise
datirt auch schon von Mailand (wenn nicht gar schon von Palermo)
Lasso's Kenntnis und Übung der *Commedia dell' arte*, obwohl ich die-
selbe mehr mit seinen venetianischen Besuchen von München aus in
Verbindung bringen möchte.

Die Quellen für das Mailänder Musikleben gegen Mitte des
16. Jahrh. fließen noch nicht so reichlich, dass sich ein detaillirter
Hintergrund für Lasso's Aufenthalt zeichnen ließe, denn Motta's [2]
ganz ausgezeichnete Arbeit über die Musiker am Hofe der Sforza
endigt naturgemäß mit Gafurius. Immerhin sind wir aber über Kapellmeister, Orgelbauer und Sänger orientirt durch die *Annali della
Fabrica del Duomo di Milano* [3] und durch Muoni's [4] auf dieser Publikation fußende Mittheilungen; über den einschlägigen Kapellmeister
besitzen wir sogar eine Specialstudie.

---

[1] *Ascanio Cent. d'Hortensij, I Grandi Apparati e feste fatte in Melano etc.* Melano 1559. Bl. 7 *i tre Caualieri .... (fatta riuerenza à Venere) si posero
nelle porte del tempio, che erano tre, con una eccellètissima musica di uiole d'arco,
di tromboni, di cornetti, & di uoici: i cui sonatori uestiti con ueste lunghe di uelo
bianco stauano posti per ordine à sedere nei gradi del tempio suonando i loro istromenti soauemente, che all' armonia, che di quegli usciua, si rendea per dolcezza im-
mobile ogni persona .... S. 10 a .... con un concerto d'una diuinissima musica di
uarij istromenti, circondaro il campo ... S. 11 a ... Orfeo che con una lira in
mano ... e remirandosi uerso di Caronte come delle Donne, pensoso stette alquanto,
e poi in uoce alta e sonora queste stanze suonando la sua lira disse. Da l'ombre
Stigie, e da Tartarei chiostri ... S. 16 a ... ne campi Elisii, che à lato all'Inferno
stauano, si udi un' armonia et un amoroso concento di molti istromenti, e di diuersi
canti, frà quali andando Apolline dalle noue Muse accompagnato, à riceuere can-
tando quella Donna s'apparecchiaua ... S. 24 ... comparue nella sala al lume di
diuersi toretti una musica d'infiniti istromenti, di organi, arpe, cimbali, tromboni,
cornetti, flauti, piffari, uiole, leuti, arpicordi, e uoci suaui con altre sorti die
suoni .... etc. etc.*

[2] *Motta, Emilio, Musica alla Corte degli Sforza im Archivio storico lombardo* Bd. 14 (1887) S. 29 ff.

[3] *Annali della fabbrica del Duomo di Milano dall' Origine fino al presente.*
Vol. III u. VI. Milano 1880/81.

[4] Muoni, Damiano, *Gli Antignati Organari Insigni colla Serie dei Maestri
di Capella del Duomo di Milano. Archivio storico lombardo* Bd. 10 (1883) S. 188 ff.

. Ob die von Ludovico Sforza dem Gafurius übertragenen Vor-
lesungen[1] über den *cantus ecclesiasticus* zu Orlando's Zeit von Andern
fortgesetzt wurden, ist nicht bekannt. Ein berühmter Tonkünstler in
den fraglichen Jahren, der zu Mailand lebte, war Francisco da Milano,
dessen künstlerischer Schwerpunkt indes in der Lautenmusik liegt. Vor
ihm nennt Morigia[2] die Namen Lucio Cavanago, Gio. Giacopo Albutio,
Prete Egidio, Gio. Battista Secchione, Giuseppe Caimo, eine bunte Zusammenstellung, denn Egidio ist wohl identisch, wie Motta andeutet[3],
mit dem im 15. Jahrh. in Mailand wirkenden Illigio, Jacobo Albutio
kann als Zeitgenosse Francesco's bezeichnet werden, da er in des Letzteren Lautenbuch von 1536 mitvertreten ist, Caimo ist dagegen erst
1564 in der Musikwelt nachweisbar. Sicherer scheint die gleichzeitige
Anwesenheit Camillo Perego's[4], der 1555 4stim. Madrigale veröffent-
lichte und eines weiteren Lautenisten Petro Paolo Borroni (Fétis,
Biograph. univers. II, 30). Orfeo Vechi's endlich — nicht zu verwechseln mit Orazio — haben wir schon gedacht.

Die Domkapelle war 1534 nach vorheriger Auflösung und Ent-
lassung der Sänger neugebildet worden. Ihr Personalbestand ist
laut Dokument vom 9. December 1534 nunmehr folgender[5]:

Prete Francesco Marliano, tenorista, mit einem Monatsgehalt
von 6 l.

Prete Giacomo de' Cani, contrabasso, mit einem Monatsgehalt
von 6 l.

Prete Lorenzo della Strada, tenorista, mit einem Monatsgehalt
von 6 l.

Prete Conto de' Merate, contrabasso, mit einem Monatsgehalt von 6 l.

Prete Bartolomeo de' Molteno, contrabasso, mit einem Monatsgehalt von 6 l.

Prete Gio. Angelo Montiono, tenorista, mit einem Monatsgehalt
von 6 l.

---

[1] Derselben erwähnt auch Jos. Ant. Sax, *de Studiis literariis Mediolanensium*,
Mediolani 1729, S. 114 ... *Neque satis adhuc factum reputans Ludovicus tum suo,
tum Aulicorum munere, ut universis artium liberalium donis haec Civitas praeful-
geret, Musicae quoque Gymnasium aperuit, & Franchium Gafurum per ea tem-
pora magni in hac arte nominis, editisque libris apud posteros clarum, iuculenta
mercede invitavit, ut publicè Mediolani Ecclesiasticum cantum doceret.*

[2] Morigia, P., *La Nobiltà di Milano*. Milano 1595 S. 184 *»De quei Milanesi, che sono stati e sono eccellenti nella virtù musicale«.* cf. auch hiezu die Fortsetzung von Girol. Borsieri in der Ausgabe von 1619 Supplemento S. 54.

[3] A. a. O. S. 336.

[4] Cf. Picinelli, F., *Ateneo dei Letterati Milanesi*, Milano 1670 S. 102
Fétis VI, 482.

[5] *Annali* Vol. III S. 256.

Ottaviano de' Bosisio, contrabasso, mit einem Monatsgehalt von 6 l.
Agostino Sedarino, contralto, mit einem Monatsgehalt von 6 l.
Rocco Soldino, contrabasso, mit einem Monatsgehalt von 6 l.
Battista de' Bussero, contralto, ossia falsetto, mit einem Monatsgehalt von 6 l.
Gerolamo de' Grassi, soprano, mit einem Monatsgehalt von 6 l.
Fabrico de' Baretta, soprano, mit einem Monatsgehalt von 6 l.
Pietro Francesco de Pontremolo, soprano, mit einem Monatsgehalt von scudi 20.
Battista de Regibus, soprano, mit einem Monatsgehalt von scudi 20.
Battista della Chiesa, soprano, mit einem Monatsgehalt von scudi 20.
Lorenzo del Pozzo, soprano, mit einem Monatsgehalt von scudi 20.
Prete Bernardino Gallassino, contralto, mit einem Monatsgehalt von fior. 2.

Der Organist, dessen bereits 1518 Erwähnung geschieht, war bis zu seinem Tode 1551 Johannes Stephanus de Putheobonello [1] —. Gian Giacomo, ein Mitglied der berühmten Orgelbauer-Familie Antignati, erhielt 1543 den Auftrag eine Orgel in der *chiesa maggiore* zu bauen [2]; hiebei scheute man keinerlei Kosten: von einem ähnlichen Auftrag 1553 heißt es *»Avuta notizia che nelle Fiandre si ritrovi un celeberimo costrattore d'organi, deliberarono doversi, senza guardare a spese, farlo venire, onde si metta in relazione con maestro Gian Giacomo d'Antignate, incaricato di un organo nuovo, affinche l'opera abbia a riuscire stupenda«* [3]. Putheobonello's Nachfolger war Gio. Pietro de'Gorla (20. April 1551).

Selbstverständlich existirte auch das löbliche Institut der Cantoreiknaben. Diese wurden vom Kapellmeister unterrichtet, erhielten aber auch je nach Befähigung und Aufführung Unterricht in der »Grammatik«. Eine genaue Dienstordnung sollte das stets schwer regierbare Volk der Sänger im Zaume halten [5]: Wer nicht wie befohlen sich einfand oder ohne die vorschriftsmäßige Kleidung (*»cum vestibus longis usque ad tallaria et biretis sacerdotalibus, cum cottis albis desuper inducti«*), wer mit einem Collegen stritt oder in der Kirche fluchte, der wurde gestraft — bis zur Besoldung einer Woche. Noch schlimmer erging es dem Kapellmeister; versäumte er seine Jungen abzurichten, so galt es' den Gehalt eines ganzen Monats — 12 Lire. Dem Kapellmeister gehört

---

[1] *Annali* III S. 196. S. 297. IV S. 5.
[2] Ebenda III S. 244. Über die Antignati siehe noch Ambros III S. 554, der auch Gian Giacomo als Organist am Mailänder Dom nennt.
[3] Ebenda IV. S. 14.
[4] Ebenda III S. 213. S. 256.
[5] Ebenda III S. 256.

unser Hauptinteresse. Es ist dies *Maestro Armanno Verecore, detto maestro Mattia Flamengo*, schon 1523 *maestro dei cantori di canto figurato*[1], Januar 1555 noch am Leben, bald darauf aber jedenfalls nicht mehr Domkapellmeister, da 1558 bereits sein Nachfolger Simon de Beulier beurlaubt wird[2].

Haberl hat über diesen Meister bereits 1871 durch bibliographische Untersuchungen Licht geschaffen und irrige Nachrichten beseitigt — die Muoni leider seinen Mittheilungen wieder anhängt — in seinem Aufsatz »Mathias Hermann Werrecorensis«, Monatshefte für Musikgeschichte III. Jahrgang Nr. 12 (mit Fortsetzung).

Als Orlando Gelegenheit erhielt im Mailänder Dome die unter Direktion des ebengenannten vortrefflichen Meisters stehende Musik zu hören, begann er die aufnahmegünstigsten Jahre des Lebens; dass er in den vielen Monaten des gleichzeitigen Aufenthalts Meister Hermann, seinen Landsmann[3], ohnehin zu einer Zeit, wo die Niederländer in Mailand schon von Einheimischen ersetzt waren, nicht auch persönlich kennen gelernt haben soll, scheint ausgeschlossen. So wäre denn noch gründlich nachzuspüren, ob sich durch etwelche Documente Anhaltspunkte ergeben, die Lasso zum Schüler des Werrecorensis machen, es wäre eine schöne Aufgabe, die ganze erreichbare Anzahl Compositionen des Mailänder Domkapellmeisters in Partitur zu bringen und zu untersuchen, ob sich vielleicht auch ein engerer künstlerischer Zusammenhang zwischen den beiden Individualitäten (s. S. 87) nachweisen ließe[4].

---

[1] *Annali* III S. 224.
[2] Ebenda IV S. 28. cf. die für Beulier's Nachfolger, *Bartolomeo de Toressani, detto l'oste* (der, wie wir gesehen haben, schon 1554 Kapellmeister Don Ferrante's heißt) erlassenen Dienstvorschriften, desgl. die von 1572, im gl. Bande S. 122.
[3] Eitner ist allerdings der Ansicht, dass Meister Mathias ein Böhme aus Werechow war, und hat diese Ansicht mit guten Gründen belegt, Monatshefte für M. VIII, S. 111. Er heisst aber aktenmässig »*Flamengo*«.
[4] Haberl glaubt a. a. O. IV. Jahrg. Nr. 1, S. 7 Mathias Hermann »nicht als Meister zweiten oder dritten, sondern ersten Ranges in die Reihe der Zeitgenossen stellen zu dürfen« als einen Componisten (ebenda S. 1) »der nicht nur die Formkünste der niederländischen Schule in seiner Gewalt hatte, sondern auch mit Geist und Ausdruck, mit Hingebung und Liebe seine Feder dem Dienste der Kirche widmete«; des Meister *Popule meus* nennt er einen »höchst dramatischen und doch streng kirchlichen Tonsatz«, in dessen 2. pars »durch die eigenthümliche Führung der Stimmen . . . . für jene Zeit merkwürdige harmonische Effekte« entstehen. — Auch der Entwicklungsgang Hermanns, von der *Battaglia Taliana* ausgehend, giebt zu denken. Ich habe von anderen Compositionen des *Verecorensis* nachfolgende Partituren angefertigt:
. 1. *Porta hec clausa erit*

Welche Componisten Meister Mathias bevorzugte, Lasso also vorzüglich im Dom aufführen hörte, sagt uns das Sammelwerk von 1539 *Cantiones quinque vocum selectissimae . . . Argentorati apud Petrum Schoeffer*, dem sie *D. Hermannus Mathias Verecoren . . . nuper . . . misit*. Repräsentirt sind die besten Namen der Zeit Gombert, Willaert, Joan. Lupi, Verdelot, Jaquet, Archadelt etc. Auch ist Muoni geneigt, die Erwerbung der im Mailänder Domarchiv vorhandenen Werke von Isaak, Obrecht, Willaert etc. in Hermannus' Zeit zu verlegen, von dem es 5. Januar 1523 heißt: »*è incaricato di provvedere libri per la Capella*« (A. a. O. S. 214).

Interessant wäre auch zu wissen, ob Vincenzo Ruffo vor seiner Stellung in Verona noch zu Lasso's Zeit in Mailand lebte oder nicht. Dieser Künstler ist zweifelsohne Domkapellmeister zu Mailand erst nach seiner Veroneser Stellung und nicht vorher, wie allerorten zu lesen ist.[1] Dass er aber überhaupt sich vorher in Mailand aufhielt, ist sicher. Das erste von ihm bekannte Werk erschien daselbst 1542 bei Ant. Castillioneus und ist dem Alfonso d'Avalli, Marchese del Vasto gewidmet, dessen *Musico* und *Servitor indefesso* Ruffo genannt wird[2], — dem Gouverneur von Mailand vor Gonzaga, durch

---

2. *Hec dies quam fecit Dominus* mit der secunda pars *Dextera Domini*
3. *Tu solus qui facis mirabilia*,
deren indes keine die Schönheit des »*Popule meus*« erreicht, auch kann von keiner Brücke, die sie zu Lasso schlügen, bei ihrer ausgesprochenen unverfälschten altercontrapunktischen Physiognomie die Rede sein. Innerhalb dieses Rahmens aber fesseln sie durch eine merkwürdige männlich kräftige, saftige, dem Conventionellen abgewandte Erfindungskraft, eine gewisse Farbe des Colorits, die an die Venetianer erinnert, und zwar nicht blos an die musikalischen, dabei durchsetzt mit harmonisch interessanten glänzenden Härten. Auffällig ist, wie, besonders in den beiden ersten Nummern, die Stimmen nahe aufeinandersitzen und sich eigenartig theilweise um einander herumbewegen, da und dort durch grössere Sprünge sich frei machend. Auch die öfter vorhandene Kluft zwischen Sopran und den Unterstimmen macht sich bemerkbar.

[1] Aus Gasparis Katalog von Bologna, — Vogel's ital. Madrigallitteratur und den *Annali del duomo* lassen sich folgende Daten im Leben des Künstlers unzweifelhaft feststellen:
1554—1558 heißt Ruffo auf den Titelblättern seiner Werke *Maestro di Capella del domo di Verona*. 23. August 1563 wird er zum Kapellmeister des Mailänder Doms erwählt, weil »*non ha chi lo superi in tale officio*«. 1570 bekleidet er noch diesen Posten, doch steht nicht fest, wie lange, dagegen wird durch eine Neuwahl vom 25. Juni 1573 *Simon de Boyleau* (? wohl wieder *Beulier*) Kapellmeister. 1574 zeichnet Ruffo am 5. März die Vorrede seiner *Salmi* in Pistoia und heißt auf dem Titel dieses Werkes auch Kapellmeister am Dom daselbst, ebenso 1579 und 1588 auf neuen Auflagen. Dagegen ist 1578 wieder eine Vorrede aus Verona datirt, wo er sich indes wohl nur vorübergehend aufhielt.
[2] Schmid, A. Ottav. *dei Petrucci* Wien 1845, S. 143. Haberl a. a. O. 1872, S. 2.

dessen Tod gerade Don Fernando aus Sicilien abberufen wurde, dem
Gemahl der vielbesungenen Donna Maria d'Aragona, der wir bald
wieder begegnen werden. Das Merkwürdige hiebei ist, dass Ruffo's
erste *Madrigali a notte negre* (in späteren Ausgaben *Madrigali
cromatici* genannt) 1545, ein Jahr vor Orlando's Ankunft in Mailand,
erschienen. Lasso konnte dieselben studieren, ob er den Componisten
kannte oder nicht; wie anders aber nimmt sich die Sache aus, wenn
wir den 16jährigen Kunstjünger in lebendigem Verkehr denken mit
ihrem Schöpfer.

Soviel steht fest: in Mailand kam Orlando in Verbindung mit
einem zwar nicht Venedig und Rom ebenbürtigen aber doch wohl-
entwickelten musikalischen Leben. Nun rückt die Zeit heran,
von der Quickelberg sagt *»donec (post sexennium) uocem ut fit,
mutari coepisset. Ergo (18 anno aetatis) à Constantino Castrioto
Neapolim ductus* . . . Bevor wir aber unsern jugendlichen Meister an
den Posilipp begleiten, scheint es nicht uneben, auf den Charakter
Gonzaga's kurz einzugehen, des Mannes, den Orlando in Autorität
in diesen Jahren stets vor sich sah und den man deshalb als nicht
völlig ohne Einfluss auf Lasso geblieben annehmen sollte. Goselino [1]
entwirft von ihm das Bild eines gewaltigen Recken, dessen Blick
aus großen schwarzen Augen auch empörte Soldaten zu entwaffnen
im Stande war. So entschlossen auf der einen Seite, so vorsichtig
war indes Don Gonzaga auf der andern, alles wohl nach sämmtlichen
Gesichtspunkten überlegend, auch der geringsten Kleinigkeit Rechnung tragend. Beweise irgend welcher Kunstliebe oder Verehrung
der Wissenschaften bringt, wie schon gesagt, sein Biograph nicht von
ihm bei. Vielmehr spricht aus Ansichten, wie die: es sei die Kriegs-
kunst die erste Profession und es genüge, wenn ein junger Edelmann bis etwa zu seinem 14. Jahre die Grammatik und ein wenig
Schreiben erlerne, dann aber müsse er sich ganz den Waffen widmen
um nichts Halbes auf beiden Gebieten zu leisten und Ähnlichem,
wobei von Musik überhaupt nicht die Rede ist, eine durchaus
aesthetischen Interessen abgewandte Natur, von, für einen Renaissance-
menschen wenig erfreulicher Einseitigkeit. Später hat es Orlando
mit seinen Brodherrn besser getroffen. Männlichkeit gepaart mit
umsichtiger Klugheit wäre somit das, was Lasso von Don Fernando's
Charakter lernen konnte. Anregung dürfte er dagegen mehr bei
Donna Hippolita gefunden haben; vielleicht war auch der 5 Jahre
ältere Goselino selbst nicht ohne Einfluss auf des jungen Künstlers
aesthetische Erziehung; denn Gonzaga's Secretär war später ein

---

[1] A. a. O. S. 437 ff.

schätzbarer Literaturfreund, der sich in reifen Jahren nicht nur in Erklärungen von Dichtwerken, sondern als Dichter selbst hervorthat[1].

Constantin Castrioto, der Lasso nach Neapel führte, gehörte zum neapolitanischen Adel *fuor de'Seggi*, einer Art Adel zweiter Ordnung, in dem sich aber nichtsdestoweniger die vornehmsten Familien befanden, die es an Alter etc. mit den Eingesessenen wohl aufnehmen konnten[2].

Ob Castrioto auf eigene Faust, ob im Auftrag, ob vielleicht durch Vermittelung von Donna Gonzaga, die dem edlen neapolitanischen Geschlecht der Molfetta entstammte, oder auf Grund von Beziehungen Gonzagas zur Familie Caraffa, in die Hippolita später hineinheiratet und der der Marchese della Terza mütterlicherseits entstammt, unseren jungen Künstler an den Posilipp verbrachte, darüber fehlt jegliche Nachricht; dass er literarische wie künstlerische Interessen in sich hegte, erhellt aus der freundlichen Mittheilung des Herrn B. Capasso, Director des kgl. Archivs in Neapel, der mir schreibt: »*Constantino Castrioto cavaliere di Matta scrisse verso la metà del secolo XVI le Vite di undici eccellentissime persone, libro non mai stampato, ma che si trova Ms. in parechie nostre biblioteche, sotto lo pseudonimo di Filonico Alicarnasso, ma neppure fa mentione di Orlando Lasso. In dette vite egli parla soltanto di Costantino Festa e più volte soltanto di Paolone Fiamingo che fù maestro nella musica alla Viceregina Cardona, ad Isabella d'Aragone ed al Marchese di Pescara.*« (Es dürfte sich wohl einmal verlohnen, dieses Material der Musikgeschichte zuzuführen!) Im übrigen findet sich keinerlei Notiz über Lasso im k. Archiv Neapel nach Herrn Capasso's Nachricht, desgleichen besitzt die Bibliothek des Conservatoriums nicht ein einziges ungedrucktes Stück Orlando's (wie Herr Prof. Kretzschmar die Liebenswürdigkeit hatte mir mitzutheilen). — Doch lassen sich auch zum Hintergrund von Orlando's neuem Aufenthalt einige zeichnende Anhaltspunkte beibringen. Einen dankenswerthen Beitrag liefert für die ältere neapoli-

---

[1] Nach anderen Dokumenten, Lasso's Aufenthalt bei Ferr. Gonzaga betreffend, habe ich mich vergeblich bemüht. Zuerst im *Archivio storico Gonzaga* in Mantua; dessen liebenswürdiger Vorstand Herr Stefano Davari wies mich an das kgl. Archiv in Parma. Hier befinden sich thatsächlich auf F. Gonzaga in der fraglichen Zeit befindliche Archivalien, sind aber, wie mir Herr Sorrintendente-Direttore Vayro freundlichst mittheilt, rein politischen Charakters. Auch in Mailand besitzt weder das kgl. Archiv noch die Bibl. nazionale etwelches Material, auch nicht über die Feste von 1548 (nach gütiger Benachrichtigung der Herren Direktoren P. Glinzoni und E. Mentris).

[2] Mazzella, Scipione, *Descrittione del Regno di Napoli*, Napoli 1601. 3. Blatt nach S. 790 (unnum.).

taner Musikgeschichte Valdrighi[1], der bei Behandlung des Orgel-
bauers Constantino Tantini einen Brief des Marchese von Este an
seinen Schwiegersohn, den kunstsinnigen König Alfons von Neapel,
veröffentlicht, worin die Uebersendung einer von Tantini gefertigten
Orgel mitgetheilt wird, und hiebei eine Reihe musikalischer Notizen
von König Alfons' Hof zwischen 1437—1457 zur Kenntnis gelangen
lässt, darunter die Namen der Kapellmitglieder des Jahres 1451. — Um
1474 war bekanntlich Johann Tinctor Kapellmeister am aragonischen
Hof, unter seiner Leitung Wilhelm Guarnerio, Bernardo Ycart und
andere Niederländer[2].

1487 sollte dieser Meister — Tinctor — jenseits der Alpen
Sänger werben für seines Herrn Kapelle, kehrte aber von der
Reise nicht wieder auf seine Stelle zurück; vielleicht hatte er seinen
Herrn Ferrante (der Paumann hatte gewinnen wollen) — bekanntlich
den fürchterlichsten der damaligen italischen Herrscher[3] — zur Genüge
genossen. Zu Anfang des 16. Jahrhunderts interessirt uns Neapel
als Druckort mehrerer Bücher Frottole von 1515, 1516 und 1519;
1537 der *Canzone Villanesche alla Napolitana novamente Stampate
Libro primo*, wie überhaupt als Heimat letzterer Gattung. An Meistern
ersten Ranges besaß um die Mitte des 16. Jahrhunderts Neapel
Niemanden, immerhin aber werden einige sehr tüchtige Musiker
namhaft gemacht. Viceköniglicher Kapellmeister war der Spanier
Diego Ortiz[4], Componist und Verfasser eines *Trattado de glosas sobre
clausulos*; Proske hat u. A. einige Compositionen von ihm mitgetheilt
(*Mus: divina A. I. Tom. III*). Es ist bei musikalischen Werken dieser
Epoche, wo das Persönliche weniger zu Tage tritt und überhaupt
nur nach langer intimer Bekanntschaft mit Arbeiten desselben Componisten in denkbar größter Anzahl greifbar wird, nicht leicht, eine
derartige Ansicht nach rein musikalischen Beobachtungen auszusprechen, deshalb kann ich nur vorsichtig die Meinung äußern,
dass auch Ortiz auf Lasso von Einfluss gewesen sein dürfte.
Zwar denken wir uns Orlando nunmehr schon ziemlich fertig und
bereits mit eigenen Arbeiten beschäftigt, in denen mancher meister-
liche Zug — ich meine die Villanellen, erschienen 1581 —: aber
Ortiz' Werke haben etwas von Lasso's Art, nicht die oft großartige

---

[1] Valdrighi, Luigi-Francesco, *Fabricatori di Strumenti Armonici in Memorie della R. Academia di science, lettere ed arti in Modena*. Serie II, Vol. III. Modena 1884. S. 242.

[2] Florimo, F., *La scuola musicale di Napoli*. Napoli 1881. S. 26—27.

[3] Burckhardt, J., Kultur der Renaissance I, S. 36 (4. Aufl. Lpz. 1855).

[4] Florimo, F., *La scuola musicale di Napoli*. 2. Aufl. Bd. I. S. 69. Meist nach Fétis Biograph. univers.

Herbe und den gerühmten dramatisch wuchtigen Schritt, aber die
ausdruckskräftigere, etwas mehr menschlich näherstehende Feier-
lichkeit, die Lasso von Palestrina, dem Meister der absolut trans-
scendentalen Kirchenmusik unterscheidet.

Sodann bezeichnet Fétis *Giovan de Macque* als Organist des
Vicekönigs 1540, Kapellmeister 1592, stößt aber auf Widerspruch bei
Eitner, der ihn als Musiker in Rom um 1582, Musiker in Neapel
um 1609 in seiner Bibliographie der Musiksammelwerke vorführt.
Erwiesen ist indes, dass der Künstler jedenfalls 1601 in Neapel lebte,
durch Cerreto's *»Della Prattica Musica vocale et strumentale«* Napoli
1601 S. 156, so dass man bei der Glaubwürdigkeit dieses zeitgenössischen neapolitanischen Autors vielleicht de Macque's römischen
Aufenthalt als einen vorübergehenden annehmen darf. — Nicht un-
interessant ist auch die Anwesenheit Don Joan Domenico del Giovane
de Nola's gleichzeitig mit dem jungen Lasso in Neapel, der 1545
schon das zweite Buch *Canzone Villanesche* veröffentlicht hatte (1565
ist er als Kapellmeister an St. Annunnziata nachgewiesen), und des damals vielleicht 20 jährigen Roccho Rodio (Florimo I. S. 67. 2. Aufl.). Cerreto nennt um und vor 1601 noch eine ganze Reihe »ausgezeichneter«
Componisten, Lautenspieler, Orgelspieler, Viola d'arco-Spieler und
Liraspieler. Unter den »Verstorbenen« wie »Lebenden« befindet
sich vielleicht mancher Bekannter Lasso's, doch möchte ich hier
und speciell mangels einer genauen Zeitbestimmung auf diese Auf-
zählung[1] verweisen, um nicht bei dem Fehlen jeglicher Dokumente
die Leute Orlando gewaltsam zu nähern.

Einige aber mussten wohl durch ihr Verhältnis zum Marquis della
Terza unseren jungen Meister zweifelsohne kennen. So Vater und Sohn
Luigi und Fabricio Dentice. Der Erstere ist der Verfasser der *Dvo
Dialoghi della Mvsica* (Neapel 1552 und Rom 1553 gedruckt). Ta-
furi[2] sagt von ihm, dass er, selbst Neapolitanischer Edelmann, hoch-
geschätzt war vom Vicekönig und der ganzen vornehmen Gesellschaft
Neapels, *»assai favorito del Vice-Rè«*. Aus eben diesen *Dialoghi*
erfahren wir von der Anwesenheit noch einiger anderer Musiker in

---

[1] Mitgetheilt durch G. Becker, Monatshefte für Musikgesch. XIII, S. 161 ff.
Benedetto Croce nennt in seinem ausgezeichneten Aufsatz über die neapolitaner
Theater des 15.—18. Jahrh. *(Archivio storico per le Province Napoletane,* Bd. 14,
Neapel 1861) auch Zoppino als berühmten Musiker, der bei Cerreto fehlt.

[2] *Istoria degli Scrittori nel Regno di Napoli.* Tom. III, Parte II, S. 24. —
Grossi's *Biografia degli uomini illustri del Regno di Napoli.* Napoli 1819, ist
mir leider nicht zugänglich, doch giebt Grossi 1820 in Bd. I seiner *Belli Arti* eine
Zusammenstellung der *Corifei* und *Scrittori* neapolitanischer Musik, die für diese
Epoche nichts weiteres bietet.

Neapel zweifellos zu Lasso's Zeit: Giouanlonardo's dell' Harpa, des
Perino da Firenze, Battista Siciliano, Giaches da Ferrara; letztere
Musiker weilten vielleicht indes auch nur vorübergehend am Po-
silipp.

Es ist ein Unterschied zwischen Geschichte der Musiker und
Geschichte der Musik. Und so interessirt uns an dieser Stelle
eigentlich noch mehr als die neapolitanischen Musiker, solange keine
weiteren Berührungspunkte nachweisbar sind, neapolitanische Musik,
nämlich die *Villanella alla napolitana*. Waren für Lasso bedeutende
Anregungen von musikalischen Größen in Neapel nicht zu holen,
so begegnete er auf Schritt und Tritt Villanellen und Villotten, einer
Kunstgattung, die nach dichterischem wie musikalischem Inhalt dem
neapolitanischen Charakter auch heute noch viel adäquater erscheint
als die ernstesten kunsttiefsten und durchgeistigtsten Werke auf con-
trapunktischer Basis [1].

Ebenso wichtig, ja für die Ausbildung seiner Persönlichkeit von
größerer Tragweite will uns dünken die durch Orlando's Brodherrn
nothwendig erfolgte Berührung mit den Kreisen kunstsinniger Dilettanten aus den damaligen ersten Familien Neapels, den Trägern geistigen
Lebens überhaupt in dieser Stadt um die Mitte des 16. Jahrh. Von
diesen Jahren 1550—53 bezw. 1548—51 können wir nachweisen, dass
sie Orlando Gelegenheit boten, sich die Bildung seiner Zeit zu erwerben.

Der Adel Neapels, erzählt Ruscelli [2] in seinem Buch über die
Sinnbilder illustrer Geschlechter etc., schon lange berühmt wegen
seiner tüchtigen Eigenschaften in Sachen von Wehr und Waffen,
beschloss auch die Pflege der Literatur in der Stadt auf gleiche
Höhe zu bringen. *»Et quantunque in quella Città sia vn bellisimo
Studio, con molti eccellentissimi Lettori, vi sieno molti maestri di buone
lettere in particolare & abbia per ogni età dato di se qualche grande
maraviglioso scrittore, si dispose tuttauia di voler far' uncor' A c a-
d e m i a [3], oue si congregassero ordinatamente alcuni giorni della setti-*

---

[1] Vergleiche hiezu A m b r o s III, S. 476, der Zarlino's Bemerkung über die
Vilotte (Ist. harm. IV. 1) citirt und C a p a s s o, B., *Sulla poesia popolare in Napoli*
im *Archivio storico per le Provincie Napoletane* Bd. 8, Napoli 1883, S. 322. *»Famose
erano in quel tempo le villanelle napolitane dettate per lo più nel dialetto, o in un
ibrido linguaggio che partecipava dell' italiano e del napolitano. Esse aveuano gran
toga in ogni parte dell' Europa civile . . . .* Wir kommen auf den Gegenstand des
Weiteren zu sprechen.

[2] R u s c e l l i Jeronimo, *Le imprese illustri*. In *Venetia* 1564, S. 206.

[3] Ueber die neapolitaner Academien vergl. auch M i n i e r i, Riccio C. *Cenno
storico delle Academie fiorite in Napoli. Archivio storico per le Province Napoletane* Vol. 3. 4. 5. *N a p o l i - S i g n o r e l l i, Pietro, Vicende della coltura nelle due
Sicilie.* Tom IV, S. 267. Burckhardt a. a. O. I, 311.

mana & quiui si leggessero lettioni importanti, si discoresse intorno alla perfettion de' componimenti antichi, & moderni, & si venisse tuttauia da ciascuno per libera volontà sua, ò per tema, & sogetto proposto dal Principe, componendo in prosa, & in verso. Là onde essendosene da principio levata vna, la quale chiamarono l'Academia de' Sereni, oue era gran numero di Caualieri, si leùo con lodeuolissima concorrenza fra pochi giorni quest' altra de gli Ardenti . . . .[1]. Die Akademie *de' Sereni* verdient nun unser besonderes Interesse. Wir verdanken genauere und zuverlässige Nachrichten über sie ihrem eigenen Sekretär, dem Historiker und Notar Antonio Castaldo[2]. Nach diesem Gewährsmann war die unmittelbare Veranlassung zur Gründung der Erfolg und allgemeine Beifall, den schauspielerische Darstellungen aus eben demselben Kreis vornehmer neapolitanischer Familien erzielt hatten, worauf wir später-zurückkommen werden. In Aussicht nahm man nun eine regelmäßige Pflege lateinischer und italienischer Poesie, der Rhetorik, Philosophie und Astrologie, nach dem Vorbilde von Siena und anderer italienischen Städte, zur Förderung von Jung und Alt in Literatur und Wissenschaft. Der Vorsitzende war Signor Placido di Sangro. Unter den Akademikern aber wird an erster Stelle genannt Giov. Batista d'Azzia, Marchese della Terza, Lasso's Brodherr.

Giov. Batista d'Azzia entstammte einer berühmten alten Familie, vielleicht deutschen, wie vermuthet wird sächsischen Ursprungs[3]; Ruscelli, der Verfasser der *imprese illustri* nennt in einem andern Werke[4] das Geschlecht berühmt durch Waffenthaten und Wissenschaft — eine Angabe, der bei aller Vorsicht mit den Lobhudeleien der Zeit jedenfalls unser Marchese von der Terz keine Schande machte. Was nun diesen letzten Beinamen della Terza betrifft, so liegt natürlich eine Vermuthung seines musikalischen Ursprungs nahe. Mütterlicherseits entstammt Lasso's neuer Mäcenas wie schon erwähnt dem edlen neapolitanischen Geschlecht Caraffa.

Es ist das volle Treiben der Hochrenaissance-Gesellschaft, in das uns die nähere Betrachtung unserer Akademie einführt; mag auch mancher Zug dieser edlen Italiener uns heute stark nach dem

---

[1] Das Sinnbild dieser Akademie theilt Ruscelli a. a. O. mit.

[2] Castaldo Antonio Itoria Libro I. Ich benutze die Ausgabe Neapel 1769 (S. 72) in der Sammlung *Serittori della historia di Napoli.*

[3] Mazzella, Scipione, *Descrittione del Regno di Napoli.* Nap. 1601, S. 688, woselbst auch das Wappen der Azzia's abgebildet ist; das Sinnbild des Marchese bei Ruscelli, Imprese S. 148.

[4] *Lettera di Girolamo Ruscelli, sopra vn sonetto dell illvstriss. Signor Marchese della Terza.* In Venetia 1552, S. 42.

Gebahren von »der Dilettanten selbstgenügsam lustig Völklein« erinnern, die Leute wollten doch Vornehmes, Großes, Menschenwürdiges .... Auch brachten ihre Bestrebungen da und dort die Geister in Verbindung. Hiefür scheint ein Zeugnis des Venetianers Ruscelli ebenerwähnte Lettura über des neapoletanischen Marschese della Terza Sonett, vielleicht der Sitzungsinhalt zweier Sitzungen der *Academia dello Sdegno* in Rom[1]: *»La onde per comandamento del molto Illustre & honorato Signor Presidente di questa sempre gloriosa Academia, l'altra Domenica statomi imposto, che seguendo l'ordine incominciato, io donessi oggi tener questo luogo, & leggere il Sonetto del Petrarca, che segue à gli altri giu letti, non sonetto del Petrarca mi è paruto recar' oggi alle Signorie uostre dauanti, ma un nuovo sonetto dell' »Illustriss«. S. Marchese della Terza, alla gran Marchesa del Vasto*[2]«.

Un nuovo sonetto bezeichnet Ruscelli die Dichtung unseres Marchese. Was der Interpret aber alles aus den wenigen Versen[3] herausgeheimnisst, die ganze Auslegung des »*ove con ncove et chiare ragioni si troua la somma perfettione delle donne*«, das wolle der freudliche Leser selbst dem kleinfingerdicken Büchlein entnehmen, es etwa auch durch Schopenhauer's Aufsatz über die *somma imperfettione delle donne* entrüsteten weiblichen Bekannten zur tröstlichen Lecture empfehlen[4].

---

[1] Diese war von Ruscelli gegründet. *Dizionario biogr. universale.* Vol. IV.

[2] Lettvra, S. 5.

[3] Dieselben lauten: *All' illustrissima et eccellentissima Signora la Signora Donna Maria d'Aragona, Marchesa del Vasto.*

> *Donna Real: nel cui viuo splendore*
> *Tanto à se stesso il Somme sol compiacque,*
> *Che'l mondo, da che in lui tal luce nacque,*
> *Fu pien di merauiglia, e di stupore;*
> *Come nel bel. ch'a noi si mostra fuore.*
> *E che sol senza par fare à Dio piacque,*
> *Tal, ch'ogn 'altra beltà unita allor giacque,*
> *Risplende il uostro interno almo ualore,*
> *Cosi sol uoi perfetta ogn' hor uincete*
> *Non pur quant' ha di bel la Terra, e l'Cielo,*
> *Ma di gran longa i puri altri intelleti,*
> *Onde in miraui al Verbo ben scorgete*
> *Miei spiriti accesi d'un ardente zelo,*
> *Fatti solo da uoi degni, e perfetti.*

[4] Als kleine Probe diene, was Ruscelli gelegentlich von der Gemahlin unseres Lassoprotectors — wie Donna Gonzaga zweifellos ein Faktor in des jungen Orlando Leben — sagt: *questa gran Signora, Marchesa della Terza, la quale con la gratia del uolto, con la serenità de gli occhi, con la diuinità della fauella, con la*

Lernten wir Giov. Battista d'Azzia somit als Dichter wie hervor-
ragendes Mitglied der *Academia dei Sereni* kennen, in der wir ähnliche Letture wie die Ruscelli's vorgetragen annehmen dürfen, so
zeigt ihn uns auch ein Sonett Girolamo Parabosco's, des Dichter-
musikers, mit diesem edlen Geist in Verbindung [1]. — Die Sitzungen
unserer Akademie hatten statt *nel piano del Cortile di Sant' Angelo
a Nido* in einem mit den Bildern der besten vaterländischen, wie
griechischer und römischer Dichter und Gelehrten gezierten Raum.
Beim Eintritt las man eine Inschrift verfasst von dem Mitglied Gio.
Francesco Brancaleone:

> *Tibi uni Coelitum, Phoebe clarissime,*
> *Hunc locum, quin se ipsos Sereni tui dedicam.*
> *Tu illis faveas praesensque adsis,*
> *Eorum ut scripta perpetuo serena sient.*

Wie schon erwähnt, führt Castaldo die Gründung der hier behandelten literarischen Gesellschaft auf vorhergegangene dramatische
Aufführungen desselben vornehmen Kreises zu Neapel zurück. Wir
wenden uns nunmehr zu diesen Veranstaltungen, einmal weil sie für
ähnliche Vorgänge in München unter Lasso und Massimo Trojano
den engeren Präcedenzfall bilden, sodann uns mit einer weiteren
Persönlichkeit, die in Orlando's Leben eine Rolle spielte, bekannt
machen.

»*Nell' anno 1545* [2] *molti Gentiluomini Napoletani conchiusero di
recitare una Commedia per loro esercizio, e per passatempo della Città.
L'autor di questo fu il Signor Giovan Francesco Muscettola, uomo di
belle lettere, ma di pronto, e mordace ingegno. E scelta la Commedia
degl' Ingannati, opera degl' Intronati Accademici Senesi, con bellissimo
apparato di lumi, di vesti, e di musica la rappresentorno nella Sala
del Palazzo del Principe di Salerno, dove stava sempre per tal effetto
apparecchiato il Proscenio. I recitanti furono il Signor Giulio
Cesare Brancaccio, il Signor Luigi Dentice, il Signor Giovan
Francesco Muscettola, il Signor Antonio Mariconda, il Signor Fabrizio
Villano, il Signor Scipione delle Palle, il Signor Abate Gio. Leonardo
Salernitano, Matteo da Ricoveri Fiorentino, ed altri galantuomini. Il
minor di tutti fui io, (Castaldo) sebbene quei Signori per la lor cortesia
mi onororno della carica del Prologo, e del Servo Stragualcia. Il*

---

*maestà dell' aspetto, con la grandezza dell' animo & con la santità de' costumi pare,
che di continuo in catene i cieli, & gli accordi col mondo tutto, à risuonare . . . .*

[1] Ebenda (Ruscelli Lettvra) S. 74a. S. 74 findet sich auch ein Sonett *Giro-
lemo Mutio's* an den Marchese.

[2] Castaldo a. a. O. S. 71—72.

Dentice, il Mariconda, e quel delle Palle rappresentorno i Servi con grazia mirabile: il B r a n c a c c i o, l'I n n a m o r a t o a s s a i bene: il Muscettola, Giglio Spagnuolo per maraviglia: Fabrizio Dentice figlio di Luigi, la Pasquella graziosamente: il Villano un Pedante nobile e grave: il Ricoveri, il Vecchio sciocco per impazzire: il Salernitano, il vechio Virginio molto gravemente: un figlio della Giovanna Palomba, il Fabio sopra modo aggarbato; e tutti gli altri dissero assai acconciamente; talchè Napoli non ebbe d'invidia punto a Siena per gli recitanti. Zoppino celebre Musico e giudizioso di quel tempo, ebbe cura della Musica scelta, ed anco dell' accordo degl' instrumento; onde la Musica fu veramente celeste; e massime perchè il Dentice con il suo Falsetto, ed il B r a n c a c c i o c o l B a s s o f e r n o m i r a c o l i. L'anno seguente 1546. si recitò un'altra Commedia, Opera del Mariconda, detta la Filenia, rappresentata da quasi tutti i medesimo recitanti con una eccellente Musica, che riusci buonissima«.

Croce[1] theilt den Gang der Handlung mit: Eine energische Schöne tritt in Mannskleider gesteckt als Famulus in die Dienste des von ihr geliebten Mannes und bringt es zuwege, ihn von einer anderen Verbindung frei zu machen. Nun lässt sie sich durch einen ihr aufs Haar ähnlichen Bruder ersetzen, was zuerst zu größerer Verwickelung, dann zur üblichen Lösung, der Hochzeit, führt. Eine Nebenfigur ist der Spanier Giglio, der zum Gaudium der Zuschauer in allerlei missliche Situationen geräth und Prügel erhält.

Über die Stellung dieses Stückes innerhalb der neapolitanischen Theatergeschichte geben Croce's Aufsatz wie Napoli-Signorelli's Vicende[2] Aufschluss; auch über die Art der Musik-Verwendung können wir hinweggehen — Instrumentalstücke und Villanellen werden zwischen die gesprochenen Worte eingefügt gewesen sein —, dagegen verweilen wir bei Cäsare Brancaccio, dem Darsteller der Liebhaberrolle, der als solcher für ausgezeichnet und als Bassist für unübertrefflich geschildert wird, der Mann, mit dem Lasso wenige Jahre später von Antwerpen aus die Reise nach »Frankreich und England« unternommen haben soll.

Meister Cesare entstammte einer uralten in 4 Gruppen verzweigten neapolitanischen Familie *»famiglia copiosissima d'huomini«.* Es gab Brancacci's »*di Cardinale*«, »*del Gliuolo*«, »*detti Imbriachi*«, »*del Vescouo*«.[3] Zu den »Imbriachi« könnte wohl unser Mann gezählt werden. Spätere Begebenheiten trugen ihm den Ruf

---

[1] A. a. O., S. 599.
[2] cf. Bd. III, S. 374, ff. IV, 401 ff.
[3] Mazzella a. a. O., S. 690, woselbst auch die betr. Wappen abgcbildet sind.

eines verwegenen und seiner Selbst außerordentlich gewissen Abenteurers ein; einstimmig anerkannt aber ist sein Ruhm als der eines
trefflichen Dilettanten, der nicht blos, wie wir schon gehört haben, im
Gesang, sondern auch als Lautenspieler und Virtuos auf dem Spinett
ausgezeichnetes leistete.[1] Croce macht auf einen Brief Cesare's vom
4. August 1548 in der Sammlung von Turchi[2] aufmerksam; der darin genannte Sig. Luigi ist wohl Dentice, besondere Anhaltspunkte
bietet das Schreiben an sich nicht, interessirt uns aber dadurch, dass
es an Gio. Antonio Serone gerichtet ist, dieselbe Person, die Luigi
Dentice in seinen Dialoghi als zweiten Mann, als Partner des Paolo
Soardo einführt. Im zweiten Dialog nun geschieht auch Brancaccio's
Erwähnung, als Soardo dem Serone von einer Musik erzählt, die
er im Hause der Donna Giouanna d'Aragona gehört hat; ich führe
die Stelle an, weil ich Alles mir Erreichbare beibringen möchte, was
zur Charakteristik von Lasso's damaliger Umgebung dienlich erscheint.

*Soardo . . . Quei che cantaron fù il signor Giulio Cesare Brancazo,
il S. Francesco Bisballe Conte di Briatico, M. Scipione del Palla[3],
& un altro che cantaua il soprano che non mi piacque molto, mà per
la bontà et perfettione dell' altre uoci si potea patire.* (Gemeint ist
Dentice-Vater selbst, der Autor.) *Ser. Certo la deue essere stata una
bella & non mai più udita musica, perche i tre m'hauete nominati, son
perfettissimi Musici & cantano miracolosamente. Soar. Non si può
dire il contrario . . . .*

In dieses Treiben von Festen und Schauspielen, Musik und weit-
läufigen Erörterungen über die schönen Ausschmückungen des Lebens
müssen wir uns nun Lasso hineindenken, lustig und voll der guten wie
zweifelhaften Schwänke, die Quickelberg an ihm rühmt, die uns aus
seinen Briefen entgegentreten; eingreifend vielleicht da und dort selbst
als Schauspieler, wie wir ihn in München kennen lernen werden,
wahrscheinlich aber als Componist der Schelmenlieder, die bei den
Festen des Marchese della Terza und sonst benöthigt waren. *»Sarebbe
stato più conveniente che io havessi publicato queste mie villanelle in mia
gioventù, nel qual tempo io le feci, che publicarle in questa età
grave nella quale io mio truouo* schreibt unser Meister 1581 an Wilhelm V. von Baiern in der Vorrede seines *Libro de Villanelle, Mo-
resche etc.,* und einen Theil dieser Dingerchen dürfen wir demnach

---

[1] Croce a. a. O., S. 600, Anm. 1.
[2] Turchi Fr. *Lettere facete e piacevoli etc.* In Vinegia 1601, S. 52.
[3] Den wir auch bei der Komödie betheiligt gesehen haben, gleich den beiden
Dentice.

wie gesagt als jetzt in Neapel entstanden annehmen; vielleicht auch sogar schon das in mehr als einem Betracht interessante »Zanni« genannten Werks, die Scene zwischen Pantalon und dem Magnifico aus der *Commedia dell' Arte* (8 stimmig), wenngleich das Auftreten letzterer speciellen Kunstgattung in Neapel zeitlich zu bestimmen Croce nicht gelungen ist[1], positive Anhaltspunkte für Berührung Lasso's mit derselben in Neapel also gleichfalls fehlen, wie auch die Structur auf die späteren venetianischen Einflüsse hindeutet.

Ob Orlando zu den damals schon bestehenden Conservatorien Neapels *(Conservatorio di Santa Maria di Loreto, della Pietà de Turchini)*[2] Beziehungen gewann; wie Grossi[3] zu der Angabe kommt »*circa la metà del secolo XVI Orlando di Lasso maestro della nostra cappella palatina, chiamato in quei tempi la meraviglia del secolo, e riputato superiore ad Anfione, ed Orfeo, elittrizzò di gran lunga gli spiriti nazionali*« — darüber ist mangels jeglichen weiteren Materials bis jetzt nichts zu vermelden.

Die politischen Verhältnisse Neapels zur Zeit seines Aufenthalts mögen wiederum auf Orlando's Charakterbildung von Einfluss gewesen sein. Zwischen dem großen Aufstand vom Mai 1547 wider den Vicekönig[1] und der Unternehmung gegen Siena[5] 1553 anwesend, athmete der Jüngling die Luft einer gegen ihren Herrn — Don Peter von Toledo — furchtbar erbitterten Stadt. Tiefgewurzelter Hass gegen die von letzterem eingeführte Inquisition war die Ursache der Mairebellion gewesen und bildete den Funken, der unter der Asche scheinbarer Ruhe während dieser Jahre weiterglomm. So wissen wir unseren Künstler schon in seinen jungen Jahren vertraut auch mit den religiösen Wirren seiner Zeit und vorbereitet für Dinge, die er, wenn auch in ganz anderer Gestalt so doch aus ähnlichem Capitel in reiferen Jahren in Bayern miterleben sollte.

»*Inde Romam uenit, ac hospes archiepiscopi Florentini fuit 6 mensibus, donec praeficeretur ad S. Joannem Lateranēsem uniuerso musico sacello, Romae longè celeberrimo*«.

Was an Quickelberg's Angabe zunächst auffällt, ist die Anwesenheit und Sesshaftigkeit des Erzbischofs von Florenz in der

---

[1] A. a. O., S. 607/8.
[2] Florimo, a. a. O., S. 36, S. 138 (1. Aufl.).
[3] *Le Belle Arti*, S. 7.
[4] Giannone Peter, Bürgerliche Geschichte des Königreichs Neapel, deutsch von le Bret, Leipzig 1770, Bd. IV, S. 117 ff.
[5] Ebenda S. 165 ff.

ewigen Stadt. Dieselbe wird aber durch die Geschichte voll bestätigt. Der geistliche Oberhirte Toskanas seit 1548 war Antonio
Altoviti, ein Sohn des Bindo Altoviti, den Rafael gemalt und
Cellini modellirt hat. Bindo war als einer der heftigsten Gegner
Cosimo's I. von Florenz nach Rom ausgewandert. Hier lebte er, schon
ein bejahrter Mann, aber noch voll Feuer und Thatkraft, in dem
die Erinnerungen der alten Freiheit lebendig waren[1]. Seinem Sohn
hatte Paul III. das Erzbischofthum der Vaterstadt verliehen, aber
erst 1567 konnte der Erzbischof seinen Sitz thatsächlich einnehmen
und in Florenz einziehen. Cerrachini[2] nennt Antonio Altoviti einen
»uomo di singolar bontà e letteratura«; die Orlando sechs Monate
lang gewährte Gastfreundschaft bestätigt, dass der Sohn des Vaters
würdig war[3].

Roms musikalische Verhältnisse in den in Frage kommenden
Jahren sind, wenn auch noch nicht vollständig, so doch im Ver-
gleich zu anderen Gebieten wohl bekannt. Baini hat dieselben in
seinem *Memorie Storio-critiche* behandelt, Van der Straaten in
Bd. 6 seiner *Musique aux Pays-Bas* (Bruxelles 1882), Haberl in der
Scuola cantorum etc. Vierteljahrschr. f. M. 1887 haben berichtigend
und ergänzend darüber geschrieben, Ambros im dritten Bande seiner
Geschichte die einzelnen einschlägigen Componisten in der ihm
eigenthümlichen warmen Weise beleuchtet.

Es handelt sich hier auch nicht um verborgenes mühsam zu
beschaffendes Material, versteckt in Vereinsschriften oder wenig bekannten Publikationen, sondern um überall zugängliche verbreitete
Werke, die lediglich zu excerpiren wären. Ich verweise also auf
die Genannten und begnüge mich mit wenigen Worten, zumal auch
Aussicht besteht, dass in einer neuen Palestrina-Biographie alles
Auffindbare über diese Jahre römischen Musiklebens an einem Ort
zusammengetragen werden wird.

In Rom betrat Orlando vielleicht das interessanteste damalige
musikalische Terrain der Welt. Zwar fällt sein Besuch nicht in die
glänzenden Zeiten Festa's, Morales' und wohl auch Arcadelt's, noch
in die Glanzzeit Palestrina's. Wie in der Entwickelung eines ein-

---

[1] Reumont, A. v., Geschichte Toscanas, Bd. I, Gotha 1876, S. 195.

[2] Cerrachini, L. G., *Cronologia sacra de Vescovi e arcivescovi di Firenze*.
In Firenze 1716, S. 183. Ich verdanke die Angabe dieser Quelle der Freundlichkeit von Herrn Prof. Roayna in Florenz.

[3] Wegen genauerer Nachrichten habe ich vergeblich im kgl. Archiv zu Florenz
Umschau gehalten. Auch im erzbischöfl. Archiv dortselbst befindet sich kein
Material, da das Vorhandene, wie der Vorstand Herr Dr. E. Falaschi mir gütigst
mittheilt, 1580 bei einer Feuersbrunst zerstört wurde.

zelnen Menschen finden wir auch in der Kunstgeschichte nach
Realisirung eines hohen Zieles einen Moment der Rast, wie zur
Sammlung der Kräfte für Gewinnung des höchsten Ziels. Diese
Physiognomie eines ruhenden, sich zum höchsten letzten Erringen
vorbereitenden Kämpfers aber war in den Jahren 1551 bezw.
1553, als Lasso sie betrat, das ideal-musikalische Angesicht der ewigen Stadt.
Costanzo Festa war am 10. April 1545 gestorben; Morales' Spur
verliert sich gleichfalls 1545 von Rom, Haberl erwähnt seiner a. a. O.
zuletzt am 1. Mai dieses Jahres mit dem Eintrag in das erste Dienst-
journal des Kapellarchivs »abiit ad partes de licentia per menses de-
cem«. Von Archadelt giebt der genannte Gelehrte S. 273 unterm
28. December 1545 die letzte Kunde, van der Straaten dagegen erwähnt Archadelt's noch 1547 und zuletzt am 18. Sept. 1549. Leider
fehlen die Diarien der päpst. Kapelle für 1550—52; doch scheint
Archadelt thatsächlich 1550 nicht mehr in Rom gewesen zu sein,
da sein Name auch unter den Haberl S. 279 aus den *mandati Julii III.*
mitgetheilten Kapellmitgliedern fehlt.

Dagegen waren an Ort und Stelle Palestrina, 1551 schon
Magister capellae in der *Capella Julia*, aber noch nicht in der päpstlichen Capelle und noch »ungedruckter« Componist (das 1. Werk
erschien 1554), außerdem Domenico Ferrabosco, Bartolomeo Scobedo,
Ghiselin Dankertz u. a. m.

Orlando's angebliche Stellung als Kapellmeister an St. Giovanni
im Lateran bildet nun für den Biographen des Meisters einen der
schwierigsten Punkte.

Delmotte vertraut blind der Autorität Baini's, ebenso Fétis.
Was aber van der Straaten Letzterem deshalb zum Vorwurf macht
(a. a. O. VI, S. 435), gilt in gleichem Maße von Delmotte, nämlich
Baini nicht genau angesehen zu haben. Dieser sagt von seinem
elenco der lateinischen Kapellmeister (a. a. O. S. 70): *ho estratto dai
libri censuali, e dai ruoli di essa basilica, e da altre memorie u
penna, e stampate*; hiebei fallen wohl gerade die aktenmäßigen
Angaben auf durch Zusatz genaueren Datums; so mussten Delmotte
und Fétis zum mindesten vorsichtig sein und durften Baini's Angabe
nicht als absolut unanzweifelbar hinstellen, besonders da Letzterer
S. 57 Lasso's Leben nach Brancaccino[1] *de iure doctoratus* erzählt:
in Napoli ove fu tre anni ... indi venuto a Roma etc.

----

[1] **Brancaccino**, *de iure doctoratus*, lib. 3, Cap. 16, ein Nachdruck Quikelbergs
ohne Jahreszahlen. Letztere sind von Baini, Caferrio's *Syst. Vetustatis* und Ric-
cioli's Chronolog. Reform. entnommen; alle drei Werke von der 2. Hälfte des
17. Jahrhunderts.

7

Dass nun Lasso nicht in den Akten von St. Giovanni vorkommt, hat bereits 1882 van der Straaten (a. a. O. S. 436) mitgetheilt als Resultat einer von Cappocci gemachten Recherche mit dem Resumé: *Il nome di Orlando di Lasso non si trova registrato in verun libro del' Archivio (di St. Giov. Laterano).* Geht daraus auch hervor, dass Orlando thatsächlich nie Kapellmeister am Lateran war? Bis jetzt auch meines Erachtens nicht. Die Kapellmeisterfrage am Lateran ist überhaupt noch nicht aufgeklärt.

Baini nennt Genn. 1550 Paoli Animuccia; Ottob. 1555 Palestrina (Haberl, kirchenmusikal. Jahrbuch 1891 S. 98, sagt 1556), dazwischen setzt er 1552 Bernardino Lupacchini, weiß aber sich nicht Rath, warum Palestrina dann als Nachfolger Animuccia's und nicht Lupachini's bezeichnet wird.

Auf jeden Fall scheint es nicht rathsam, Quickelberg gerade in diesem Fall der absoluten Unwahrheit zu bezichtigen. Ob Lasso 2 Jahre im Lateran dirigirte oder nicht, musste die damalige musikalische Welt (1565) wissen, eine so grobe Unrichtigkeit, ein ander Ding als eine unrichtige Geburtsziffer, konnte also wohl in der deutschen Ausgabe 1570 verbessert sein. Wozu auch Lasso zum lateranischen Kapellmeister machen, wenn er es nicht war? Orlando's Ruhm hatte 1565 bereits einen viel zu soliden Unterbau in Gestalt gedruckter Werke, um solcher Dinge zu bedürfen. Für die übliche Schönrederei der Biographen aber ist Quickelberg's Notiz zu kurz.

Auffällig ist auch der Zusatz »ad S. Joannem Lateranensem ... sacello, Romae longe celeberrimo« im Zusammenhang mit einer Verordnung des Papstes vom 5. August 1553 (Baini I, 42, Haberl S. 280), in der es heißt, dass gegenwärtig (durch Protektion) 33 Mitglieder in der päpstlichen Kapelle seien, darunter viele, die wider die Vorschriften dennoch aufgenommen worden seien, dazu der größte Theil mit schwachen Stimmen, so dass die Kapelle Gefahr laufe, von ihrer einstigen Höhe auf das gewöhnlichste Niveau herunterzukommen. Quickelberg scheint also die Verhältnisse gekannt zu haben.

Um die Sache von allen Seiten zu betrachten: Über die Kapellmeister von Santa Maria Maggiore schreibt Baini nicht ganz genau. S. 67 sagt er auf aktenmäßiger Grundlage: Giacomo Coppola wurde zum *maestro dei putti* erwählt, S. 368 eröffnet er mit ihm die Reihe der *maestri* id est Kapellmeister. 19. August 1553 aber wird beschlossen, Rubino als Kapellmeister zu engagiren. War Coppola mittlerweile nicht zum *maestro* avancirt, so könnte Lasso vor Rubino Kapellmeister gewesen sein und Quickelberg nur die

beiden Kirchen verwechselt haben; allein auch im Archiv von St.
Maria Maggiore ist keine auf Lasso bezügliche Notiz aufzufinden
gewesen [1].

Hypothesen über Hypothesen, wird der geneigte Leser ausrufen!
Aber es scheint mir in der That sachdienlicher, alle Möglichkeiten
in dieser dunkeln Angelegenheit zu beleuchten, als die Pflicht zu
befolgen, die man mit Recht sonst dem Historiker auflegt, zu
schweigen, wo er nichts weiß.

*»Unde postea peracto biennio, cum ob morbos parentum in patriam
reuocaretur, eos autem serius uduentuns mortuos reperiret, cum nobile
uiro Julio Caesare Brancaccio Musices cultore primum in Angliam,
demum in Galliam, eius quoque uidendi gratia, profectus est.«*

Zum ersten Theil dieser Erzählung, Lasso's eiliger Heimkehr
zu den todtkranken Seinigen, ist leider an die Thatsache zu erinnern,
dass die Personenregister von Mons nicht über 1566 zurückgehen [2].
Im zweiten Theil nunmehr begegnen wir jener bis jetzt unaufklär-
baren, ganz absonderlichen Episode in Orlando's Leben; mancherlei
merkwürdige Geschehnisse werden mit demselben in Verbindung
gebracht; das muthmaßliche Geschick eines verbrecherischen Vaters,
dreimalige Entführung in der Kinderzeit, eine Begegnung mit Corsaren, die siegreich zurückgeschlagen wird. Besonders ungewöhnlich
aber will auch mich dünken diese angebliche Reise nach England
mit Cesare Brancaccio.

Der Tod Eduards VI. von England hatte in der Umgebung
Karls V. neuerlich — der Rathgeber war Anton Perenot-Granvella [3]
— den Plan entstehen lassen, des Kaisers Sohn Philipp mit der
neuen Königin von England Mary Tudor zu vermählen. Der kaiser-
liche Gesandte am englischen Hof Renard brachte es auch wirklich
zuwege, dass die Königin einwilligte. Frankreich war damals
vertreten in England durch zwei Brüder Noailles, die natürlich
im Interesse ihres Hofes die Hochzeit zu hintertreiben suchten.
Als das Werkzeug eines derartigen, falls er thatsächlich statt hatte,
zweifelsohne originellen Versuchs bezeichnet nun Renard in zwei
Berichten an Karl V. den Cesare Brancaccio. Die Königin war
gleich ihrer Schwester Elisabeth eine ausgezeichnete Lautenspielerin [4].

---

[1] Freundl. Mittheilung des Herrn Monsignor Gustavo Azzocchi.
[2] Delmotte-D., S. 6.
[3] Courchetet, *Histoire du Cardinal de Granvelle*, Paris 1761, S. 202.
[4] Baschet (Forneron) *Histoire de Philippe II*, Paris 1881, Bd. I, S. 25 ff.

An diese Passion anknüpfend habe Noailles Brancaccio durch eine Kammerfrau Namens Barbe der Königin nahe zu bringen versucht, in der Hoffnung, es möchte unser neapolitanischer Edelmann durch seine musikalischen Qualitäten als Lauten- und Spinettvituos wie durch seine ganze Persönlichkeit es zuwege bringen, der Liebhaber Maria's zu werden! Im Gefolge des kühnen Abenteurers aber befanden sich »mehrere Bedienstete«, darunter — nach Quickelberg — Lasso.

Es gelang indes dem kaiserlichen Gesandten, der von dem Plan Kenntnis bekommen hatte, die Sache zu verhindern und Brancaccio festzunehmen. Letzterer geberdete sich wie toll und war seiner Anziehungskraft so sicher, dass er sich weigerte England zu verlassen, unter welcher Bedingung man ihn freizugeben versprochen hatte.

Die beiden Berichte Renards sind wie gesagt mitgetheilt in den *Papiers d'État de Card. de Granvelle*, Paris 1854, Bd. IV, S.270—73. Der auf Brancaccio bezügliche Wortlaut ist folgender:

[Bericht vom 2. Juli 1554] .... *Il y a icy arrivé ung gentilhomme néapolitain, nommé Julio Césare Brancatino, qu'est arrivé par la poste en ceste court, et incontinant s'est déclairé estre venu pour présenter un paige à la royne que joue bien du lut, et que vostre majesté luy avoit commendé retourner à Naples deans quatre moys, mais qui mouroit plustôt que d'y retourner, disant qui ne se vouloit aider des ministres de vostre majesté en son faict. Quoy entendant, je procura devers ladicte dame pour non lui donner audience, et aussy devers le conseil, afin que l'on ne le souffrît en ce royaulme; qu'il faisoit à craindre qui ne vînt pour faire quelque outraige à la personne de la royne, et qui fût aposté par les Françoys: que puys qu'il estoit renvoié à Naples, il ne convenoit le recepter par deçà, faisant instance qui fût arresté jusques à ce que j'eusse advis de vostre majesté, pour sçavoir ce qui plaira l'on eu fît: car aulcungs m'ont dit qui parloit estrangement du gouvernement de Naples et par termes de tyrannie, qui pourroit nuire et préjudicier ès affaires de par deçà. Sur quoy le conseil l'a faict arrester et puys ordonner que deans six jours il se parte du royaulme: et nonobstant ce, il m'a donné la requeste ci-joincte, et dict que ne s'en vouloit aller plustôt que l'on le mist en prison; puys a dict au chancellier qu'il avoit gecté son argent en la mer, et qu'il avoit esté poursuy par lesdicts Françoys en son passaige de Calais et avoit perdu son bagaige, qu'est chose faulce inventée, et a amené sept ou huitz serviteurs avec luy; sur quoy j'ay faict recharge que plustôt à mes fraiz je le ferois conduyre à Gravelinghe.*

Ung mieu amy m'a adverti que ledict Brancatino avoit dict que Asimo ·Nighanelli luy avoit conseillé s'adresser à une femme de la

chambre de la royne de Bruges, nommé la Barbe, qui joue de l'espinette,
pour luy donner accès et entrée devers ladicte dame, qu'a mis en
suspition ceulx de par deçà qu'il y ait quelque entreprinse, pour aultant
que ladicte Barbe est suspecte par aultre occasion: j'attendray l'inten-
tion de costre majesté pour selon icelle me régler . . . . .
[Bericht vom 4. Juli 1554] *. . . Je oblia dernièrement joindre aux*
dernières lettres de votre majesté la requeste de Brancazo, ce que je
faict présentement, et ne veult déloger, encoires que luy soit esté
commandé; que faict croire que aulcungs du conseil partiaulx le
retiennent. Si plaist à costre majesté que je le répéte, je le renvoieray
par delà; et certes c'est ung homme fort déterminé et scandaleux . . . .

Brancaccio's Unternehmen gewinnt aber auch an Glaubwürdigkeit
durch Quickelberg's Nachricht, dass sich Cesare von England nach
Frankreich begeben habe, vielleicht aus Gründen der Sicherheit
oder um den Lohn für seine Bemühungen in Empfang zu nehmen.
Dass Lasso wenigstens, wenn er dabei war, diesmal Paris wieder nicht
zu sehen bekam, wissen wir.

Nunmehr ließ sich Orlando in Antwerpen nieder (Quickelberg:
»*Tandem inde reversus*«), wohin, wie wir sogleich sehen werden, der
allgemeine Zuzug der in den Niederlanden weilenden Musiker überhaupt gieng. Der Aufenthalt in Frankreich könnte den Daten nach
zu schließen nur kurz gewährt haben. Anfang Juli 1554 ist die eng-
lische Unternehmung noch in vollem Gang, Mai 1555 befindet sich
der Künstler schon einige Zeit in Antwerpen, wäre vielleicht dazwischen sogar noch einmal in Rom gewesen.

In glänzendster Weise war Antwerpen gegen Mitte des 16. Jahrhunderts aufgeblüht. 1526 bereits über 80,000 Einwohner zählend,
soll die Stadt 1568 über 100,000 aufzuweisen gehabt haben[1]. Kaufleute
aller Nationen hatten daselbst ihre Faktoreien, an der Spitze die Augsburger Fugger, die reichsten Leute ihrer Zeit, die Tucher von Nürnberg, Welser von Augsburg, Affaitadi von Cremona, Justiniani und
Spinola von Genua, Buonvisi von Florenz, — Firmen aus allen
anderen Staaten Italiens, aus Spanien, England, Frankreich etc. hatten
dort ihre Comptoire[2]. Kunst gedieh stets, wo Reichthum vorhanden ist. So blühte auch in Antwerpen ein namhaftes Kunstleben; und mehr noch als Malerei und Sculptur liebte die Generation
um 1550 — wie uns de Burbure[3] versichert — die Musik. Tag und

---

[1] Gens, Eugène, *Histoire de la Ville d'Anvers.* Anvers 1861. S. 405.
[2] Gens, a. a. O. S. 377. Quicciardini, L., *Descrittione di tutti i paesi*
bassi. In Anversa 1588 S. 158 ff.
[3] Wir kommen sogleich auf diesen trefflichen Zeugen zu sprechen.

Nacht, erzählt Quicciardini, ist hier der Hochzeiten, Feste, Tänze und Vergnügungen kein Ende; aus allen Winkeln der Straßen hört man Instrumentklänge, gesungene Liedlein und Laute übermüthiger Freude erschallen. Da fanden freilich die Musiker ihr Brod [1]. Und so sehen wir (wie an späterer Stelle zu Augsburg) die Instrumentisten, die zu all' den genannten Festen ihre Künste liehen, in hoher Blüthe und musikalisches Leben mit einer vom Musiktreiben der Höfe zweifelsohne etwas verschiedenen Physiognomie, die wir später beleuchten werden. In dies prunkvoll-lebendige Getriebe, von dem man sich am besten eine Vorstellung macht nach Paul Veronese's Bildern, die Gleichartiges aus der Venetianer Vergangenheit festhalten, geriet nun Lasso binnen Kurzem. Quickelberg berichtet: »*Antwerpiae mansit duobus annos, inter uiros ornatissimos, doctissimos, & nobilissimos, quos undiq(ue) in Musicis excitauit, à quibus etiam summè adumatus ueneratusq(ue) fuit.*«

Wer mögen die ausgezeichneten etc. Männer gewesen sein? Man würde wohl fehl gehen, wenn man darunter speciell Leute gelehrten Faches oder eine Academie ähnlich der zu Neapel verstünde, obwohl auch Gelehrte von Beruf zu Orlando's Zeit zu Antorff wohnten wie der Poet und Philolog Corneille Grapheur [2], der Geograph Abraham Ortelius »der Ptolomäus des 16. Jahrhunders« u. a. m. Insgemein pflegen indes Handelsstädte keine Hauptsitze der Wissenschaft zu sein und so durfte Quickelberg wohl nur dem allgemeinen Bildungstrieb der Zeit entsprechend mit Recht damit die reichen Kaufleute bezeichnet haben, dann jenen kaufmännischen Beruf, der Gewerbe und Wissenschaft sich am nächsten bringt, die Buchhändler, sodann die Buchdrucker, deren Metier im 16. Jahrhundert ohnehin noch eine Kunst war und speciell zu Antwerpen, wo Kunst- und Kupferdruck von 1550 an einen ungeahnten Aufschwung nahmen, Dank genialen Meistern der Kupferstechkunst, deren einen, und nicht den schlechtesten, den älteren Sadeler, wir als später in München ansässig bereits wiederholt zu erwähnen hatten.

Außerdem kommen in Betracht noch jene Antwerpener Familien, deren Mitglieder sich in den Dienst von Verwaltung und Regierung begaben, die Lira, Imersele, Berchem u. s. f. [3]

---

[1] Musik voran zogen sogar die Kaufleute unserer deutschen Hansa zur Messzeit täglich zur Börse. — Die »*unio cicitatum hanseaticarum*« besaß sogar ihre eigenen Instrumente. cf. *Van der Straaten La Musique aux Pays-Bas* Vol. 4, S. 220ff.

[2] *Poeta elega(n)tissimo & grande humanista, buon musico & professore di molte lingue* sagt Quicciardini a. a. O. S. 155.

[3] Quicciardini a. a. O. S. 151.

Als Sammelplatz dieser ganzen bedeutenden Gesellschaft nennt
Gens [1] das Haus des berühmten Buchdruckers Plantin — noch heute
wird dasselbe in Antwerpen gezeigt als Musée Plantin — von dem er
sagt, als dem »Rubens der Antwerpener Drucker«: *devenu riche en
peu d'années, il fit le plus noble usage de sa fortune. Sa maison . . .
fut ouverte à tous les savants. Il honorait le talent, consolait et secou-
rait le malheur et cherchait à s'attacher les hommes de mérite par les
avantages solides qu'il leur proposait.«*
Wir sind diesen Männern auch etwas weiter nachgegangen
in der Hoffnung, in ihrem Kreis dem *Mag^{co} & honorato S^{or}
Stefano gentile* zu begegnen, dem Lasso das merkwürdige Sammelbuch 4stimmiger Madrigale, Villanellen, französischer Canzonen und
Motetten, der Motetten *a la nouvelle composition d'aucuns d'Italie*
gewidmet hat. Leider vergeblich.

Über die musikalischen Verhältnisse Antwerpens zu Lasso's Zeit,
denen wir uns nunmehr zuwenden, sind wir wiederum, wenn auch
nicht erschöpfend, so doch in den mitgetheilten Punkten durchaus
zuverlässig unterrichtet durch die Forschungen in den Dokumenten
der Kathedrale wie des städtischen Archivs über unsere und frühere
wie spätere Zeiten, über Musik wie bildende Kunst des Léon de
Burbure.

In dem Material, das dieser Mann seinem Freunde Fétis zu verschiedenen Artikeln seiner *biographie universelle* zur Verfügung stellte,
in seinen eigenen Artikeln in der *biographie nationale de Belgique*,
in Mittheilungen an Van der Straaten, hauptsächlich aber in den
bulletins de l'academie de Belgique veröffentlichten Aufsätzen [2] findet
sich einiger Stoff zur Schilderung des musikalischen Hintergrunds
für Lasso's Aufenthalt in Antwerpen. Leider fehlt Eines: eine zu-
sammenhängende Veröffentlichung des musikalischen Personals, eine
Art Geschichte der Antwerpener Domcantorei — zu der de Burbure,
den Proben nach zu schließen, zweifelsohne das archivalische Material
zusammengebracht hatte, dessen Veröffentlichung aber unterblieb [3].

---

[1] a. a. O. S. 611.

[2] Dieselben erschienen auch separat, die Arbeit über Luyton sogar in er-
weiterter Form.

[3] Mein Freund Hr. L. Casembroot, Bibliothekar des *R. conservatoire de musique* in Brüssel, den ich über diesen Punkt und den eventuellen Verbleib von
de Burbure's Manuscripten befragt hatte, unterzog sich der Mühe, eigens nach Antwerpen zu reisen. Er fand auch de Burbure's Nachlass daselbst auf und unterwarf
ihn genauen Recherchen — leider ohne jeden Erfolg. Die gesuchten Dokumente
fehlen.

Seit dem 13. Jahrhundert hatte zu Antwerpen eine namhafte Chorschule »*màitrise importante*« bestanden. In der Cantorei selbst bestand 1482 die Zahl der Sänger, »Vikare und Caplane« aus 61 Personen[1], welche in zwei Gruppen zu 29 und 32 verwendet wurden. Hiebei sind die Schüler der màitrise, die Chorknaben, nicht gerechnet, sowie eine Anzahl Canonici, verdiente Singer der päpstlichen Kapelle, die hier ihre Pfründe erhalten hatten. Im 16. Jahrhundert stieg die Schaar in die achtzig und war gebildet aus den vortrefflichsten Musikern der Markgrafschaft; eine solide Organisation garantirte das Fernbleiben geringerer Elemente »*ils chantaient facilement le contrepoint à vue*«[2]. Dabei war die finanzielle Position eine hervorragend günstige. Für den jungen Nachwuchs sorgte eben das Institut der Chorknaben, die hier sogar in einem eigenen, dazu einzig dienenden Hause beherbergt und erzogen wurden, dem wohldotirten *coraelhuys*[3], und täglich mehrere Unterrichtsstunden von ihrem *maitre de musique* daselbst erhielten.

Glänzende Namen knüpfen sich an die Geschichte der Dommusik. Hier halfen Barbireau und Obrecht als Kapellmeister ihren Sängern über die gefährlichsten Ligaturen hinüber, lehrte Baulduin die Knaben, ließen vortreffliche Componisten wie Jacotin und Jean Lupi ihre Stimmen als Sänger ertönen, anderer Meister nicht zu gedenken.

Seit 1527 leitete Antoine Barbé[4] die Aufführungen, als Nachfolger des Maître Nicolle, und versah seine Kapellmeisterstelle nicht weniger als 35 Jahre, bis 1562 wo ihn Gérard de Turnhout ersetzte. Unter dieses Mannes Régime fällt also Orlando's Aufenthalt.

Selbst wenn es die Verhältnisse in größerem Umfang gestatteten, das heißt, wenn wir die Werke besäßen, könnten wir es uns ersparen Barbés Compositionen auf eine etwa von ihnen ausgehende Beeinflussung Lasso's hin zu untersuchen, wie dies bei Meister Matthias Hermann und Ortiz der Fall war. Des Antwerpener Tonkünstlers zahlreiche Musik gieng indes zum weitaus größten Theil als ungedruckt bei der Verwüstung der Kathedrale durch die Bilderstürmer zu Grunde[5].

---

[1] cf. Fétis, Artikel Jacotin *Biogr. universelle* 2. Aufl. IV. S. 412.

[2] Van der Straaten, *La musique aux Pays-Bas*. Bd. 6 S. 72.

[3] de Burbure, *Charles Luython* in *Bulletins de l'Académie Royale des Sciences, des Lettres et des Beaux-Arts de Belgique* 49me Année (1880) S. 266.

[4] de Burbure in der *Biographie Nationale de Belgique* Artikel Barbé; der Verfasser nennt ihn zum Unterschied von seinem gleichnamigen Sohn und Enkel Barbé *le vieux*.

[5] Je zwei fünfst. Chansons und zweistimmige Hymnen Ant. Barbé's (der Zeit

Lasso aber tritt uns in den Jahren seines Antwerpener Aufenthaltes 1555 und 1556 bereits als der völlig fertige, ausgereifte Künstler entgegen, der jene Wege ergriffen hatte, die eben seine Stellung in der Musikgeschichte herbeiführten. Dass indess bis jetzt detaillirte Nachrichten über Verbindungen mit der Antwerpener Kapelle, ihrem Leiter wie den hervorragenderen Mitgliedern z. B. Turnhout u. dergl. fehlen, ist bedauerlich[1], speciell angesichts der Thatsache, dass, wie dies sich aus Selds Briefen schliessen und Quickelberg entnehmen lässt, mit Orlando gemeinsam verschiedene andere Antwerpener Sänger nach München engagirt wurden, auf die wir weiter unten zurückkommen[2]. Wertvoll ist aber immerhin zu konstatiren, dass auch hier Orlando ein reiches kirchlich-musikalisches Leben vorfand, eine Kapelle mit trefflicher Organisation, wohlberücksichtigte Erziehung der musikalischen Jugend.

Ausgiebiger, wie schon angedeutet, fließen die Quellen de Burbure's für andere Seiten des Antwerpener Musiktreibens.

Hatten Reichthum und Wohlleben ohnehin schon eine große Anzahl Musiker ständig nach Antwerpen geführt, so wuchs mit dem Zuzug an fremden Handelsherrn aller Nationen zu den zwei großen Messen eines jeden Jahrs jeweilig auch die Zahl der musikalischen Künstler. Während der Tage der Märkte selbst ließen sich die einheimischen Spielleute die Concurrenz fremder Collegen willig gefallen, denn sie konnten da selbst nicht bewältigen, was man alles von ihnen verlangte. Anders verhielt es sich nach beendigter Messe. Nun wurden keine fremden Musiker mehr geduldet, außer sie erklärten ihre Absicht, überhaupt zu Antwerpen ihren Wohnsitz zu nehmen. In diesem Falle hatten sie noch zwei Monate freie Hand; nach Ablauf derselben ·aber waren sie gezwungen, Bürger der

der Niederschrift nach zu schließen von Barbé *le vieux*) besitzt die Münchener Hof- und Staatsbibl. (Cod. 205 u. 202).

[1] Ob Waelrant und Susato in den fraglichen Jahren in der Kapelle noch mitsangen und bliesen, ist zweifelhaft; jedenfalls liegt ihr Schwerpunkt auf anderem Gebiet.

[2] Es möge indessen hier schon erwähnt werden, dass in dem Personalverzeichnis der bayr. Hofkapelle von 1557 (Beilage I, Cantorei, S. 543 ff) sich folgender Eintrag findet, der 1558 wieder fehlt: »Franzen Barbe ain Priester ist bezallt Quottember Michaelis vnnd Weinacht 50 fl.« De Burbure berichtet nun von zwei Söhnen Barbe's, Antoine und J e a n. Letzterer liest 11. Nov. 1548 seine erste Messe und wird *bon chanteur et musicien* genannt. Es wäre immerhin möglich, dass unser Franz mit dem Jean de Burbure's identisch ist, indem er Franz Johann geheißen hat. Der Bezahlung nach ist er indes jedenfalls nach Lasso in München eingetroffen, wo sein Aufenthalt ohnehin von kurzer Dauer war.

Stadt zu werden und zugleich der bestehenden Gilde der Antwerpener Spieleute beizutreten[1], der mindestens seit Beginn des 16. Jahrh. *Sous l'invocation de saint Job et de sainte Marie-Madeleine* bestehenden Corporation.

Gerade aus Lasso's Zeit datirt, theilt de Burbure das Reglement dieser Vereinigung mit, das nach langen Berathungen (5. Nov. 1554 bis 23. Dezember 1555) durch Beschluss des Magistrats zu Stande gekommen war. Seine Punkte bilden außer dem Eintritt in Bürgerschaft und Gilde eine Reihe Paragraphen, die das Verhältnis der Spielleute zum Publicum, derselben untereinander, der Schüler, der Strafen der sich gegen die Ordnung Vergehenden etc. enthalten. Besonders interessirt uns aber Artikel 2, nach dem ein jeder Eintretende einer Probe seines Könnens und Talents unterworfen wurde. Worin diese Probe speciell 1555 bestand, konnte unser Gewährsmann nicht nachweisen. Er berichtet uns aber von den zu erfüllenden Aufgaben von 1676 mit dem Beifügen *les joueurs de clavecin et les organistes n'étaient pas obligés de devenir membres de la gilde Saint-Job*, ohne dass aber ganz klar wäre, ob dies auch schon für 1555 Gültigkeit hatte (obwohl im Reglement eine derartige Ausnahme nicht constatirt ist); galt aber die Bestimmung, so konnte Orlando immer noch thun was er wollte, eintreten als Meister der Gambe und Laute oder wegbleiben als Cimbalist und Orgelspieler.

Wenn es also auch nicht mit Bestimmtheit behauptet werden kann, so ist doch immerhin möglich, dass Orlando nach vollzogenem Eintritt in die Bürgerschaft und abgelegter Prüfung Mitglied der Gilde von St. Job etc. geworden war[2].

Dass der Cultus des Patrons[3] mit in das Programm der Gilde gehörte, ist selbstverständlich. De Burbure erklärt den Umstand, wie man in Antwerpen gerade auf Hiob verfallen sei, mit der Stelle der Schrift »*Infantes eorum* (nämlich der Reichen dieser Erde)

---

[1] de Burbure, *Aperçu sur l'ancienne corporation des musiciens instrumentistes d'Anvers dite de Saint Job et de Sainte Marie-Madeleine. Bulletins etc.* Bd. 13 (1862) S. 417.

[2] Einmal auf dieser Spur, wandte ich mich an das Stadtarchiv und das der Akademie zu Antwerpen. Die Auskunft lautete von beiden Stellen negativ; dies ist besonders bei dem Stadtarchiv »*il n'existe aucun document concernant Orlando de Lassus*« sehr bedauerlich, wird aber von Casembroot, der nichtsdestoweniger nochmals recherchirte, neuerlich bestätigt.

[3] Im Übrigen galt natürlich auch in Brüssel die heilige Cäcilia als Protektorin der Musiker. Nach van der Straaten a. a. O. I S. 131 hat de Burbure 1860 im *Guide musical* von Brüssel auf Feste zu Ehren der Heiligen bezügliche Rechnungen von 1515 bis 1549 publicirt.

exultant lusibus. Tenent *tympanum et citharum, et gaudent ad sonitum organi s.* Buch Hiob, Cap. 21. Wir wollen aber nicht unerinnert lassen, dass zu wiederholten Malen 1565 und 1582 — verschiedenartige Bearbeitungen desselben Vorwurfs — Lasso *Sacrae Lectiones ex propheta Job* kunstvollen ausdruckstiefen Gesängen unterlegte. War hiezu die *gilde de St. Job* die unmittelbare und mittelbare[1] Veranlassung?

Wir wenden uns nunmehr zu den sonstigen Musikern, die gleichzeitig mit Orlando nachweisbar in Antwerpen wohnten. Ihre große Zahl betont de Burbure an den verschiedensten Orten. Namen lassen sich aber nur mühsam aus verschiedenen Quellen ermitteln. Ich constatire deren zunächst zwei: Jean Hobreau, der mit dem verstorbenen Georges Lohoys, wie de Burbure[2] in einem lehrreichen Aufsatz beschreibt, ein lucratives Compagniegeschäft betrieben hatte, und Julio Serdaine aus Padua, bekannt geworden durch sein tragisches Geschick. Erst kurze Zeit in Antwerpen, fand Serdaine beim Einzug Philipps II. nach Abdankung Karls V. (zunächst von der Herrschaft der Niederlande etc.) im Januar 1556 unter einem zusammenstürzenden Triumphbogen seinen Tod[3]. Sieben andere Cumpane von 1554 mit ihren Gehältern erwähnt E. J. Gregoir in seinen *Documents historiques relatifs a l'art musical* Bruxelles Schott 1870. Vol. II. S. 5: François de Hartoge, Seger Puchin, Paryse de Grandt, Martiaw de Vincke, Jane du Soleil, Jorise de Vincke und Sambsoene beyaerder.

Genauere Nachrichten über ihr Leben und ihren Zusammenhang mit Lasso besitzen wir aber von zwei Tonkünstlern und zwar den berühmtesten Antwerpens neben dem »Großwürdenträger« Barbé. Es sind dies die Musiker und Musikdrucker Tilman Susato »*chef du musicens du magistrat*«[4], allerdings nicht mehr zu Lasso's Zeit, und Hubert Waelrant, der Schüler Adrian Willaert's, Componist, Theoretiker, Sänger etc.

Dazu kommt noch ein Nichtmusiker, Waelrant's Geschäftsteilhaber Jean Laet.

Auch zur Kenntnis der Schicksale dieser Leute hat de Burbure in Fétis' *Biographie universelle* den Grund gelegt. Vortreffliche Bereicherungen und Zusammenfassung der Angaben verdanken wir aber sodann Alphonse Goovaerts in seinem ausgezeichneten Werke *Histoire*

---

[1] Die 1582 publicirten Tonsätze sind (nach dem Titelblatt »*jam recens compositae*«) zweifellos erst später in München entstanden.

[2] *Deux virtuoses français à Ancers. Bulletin etc.* Bd. 48 (1879) S. 302 ff.

[3] de Burbure, *Aperçu* S. 428 f.

[4] de Burbure, *Deux virtuoses* S. 504.

et bibliographie de la typographie musicale dans les Pays-Bas, wo der geneigte Leser in *extenso* sich zu orientiren in der Lage ist. Wir entnehmen daher den einschlägigen Artikeln nur kurz Folgendes:

Thielmann Susato taucht 1529 als Notenschreiber in Antwerpen auf; geboren ist er wahrscheinlich in Köln. 1530 schreibt er ein Buch von 792 Seiten für die Kathedrale, 1551 aber hat er's bereits nicht nur zum Trompetenbläser an der gleichen Kirche gebracht, sondern ist auch in die Zahl der Stadtpfeifer aufgenommen. In letzterer Stellung war er bald wohlgelitten und erhielt neben seiner Gage einen außerordentlichen Zuschuss. 1541 beginnt seine Carrière als Musikdrucker, zuerst mit Andern gemeinsam, seit 1543 allein. Selbst Componist, erzielte er einen Aufschwung seines Geschäfts, der geradezu glänzend war, Susato wurde der erste Musikdrucker der Niederlande. Ein eigenartiges Ereignis in dieses Mannes Leben verschafft uns die Namen damaliger Antwerpener Stadtpfeiffer. Den 10. September 1549 kam Philipp II. in die Stadt; 4 Tage darnach war Susato und drei Collegen Sohier Pylken, Adrien van den Cruyce und Pierre Banninck entlassen, ein fünfter Musiker Paris le Grant den uns Gregoir soeben vorgestellt hat' dagegen verblieb[1]. Fortan widmete Susato seine ganze Thätigkeit dem Notendruck und der Composition und muss zwischen 1561 und 1564 gestorben sein.

Hubert Waelrant ist geboren zu Tangerloo um 1517, studierte in Venedig bei Willaert, findet sich aber schon 1544 als Tenorist an der Kathedrale zu Antwerpen; er gründet um 1547 eine Musikschule, an der er zuerst die von ihm erfundene Bobisation (Gebrauch der Silbenreihe *bo ce di ga lo ma ni* beim Solfeggiren) einführt. 1551 heirathet er Marie Loockenborg[2], 3 Jahre darauf, 1554, beginnt sein Compagniegeschäft mit dem verdienstvollen Buchdrucker Jean de Laet und währt bis 1567. Am 19. November 1595 segnet er das Zeitliche. — Hubert Waelrant war nicht nur ein tüchtiger Theoretiker, sondern auch ein trefflicher Tonsetzer — Ambros nennt ihn nur geschickt — wie verschiedene mir in Partitur vorliegende Compositionen beweisen.

---

[1] Van der Straaten, a. a. O. Bd. IV, S. 219 erzählt von 6 Antwerpener Stadtpfeifern, die sich 1555 in Oudenarde producirten. Die Besetzung von 1554 siehe umstehend.

[2] In München lebte 1568—1591 Johann Lockenburg, Kammerdiener Herzog Albrechts V. und Componist von Messen und Madrigalen. Ich erwähne dieses Mannes hier bei der Gleichheit der Namen, weitere Folgerungen lassen sich wohl nicht daran knüpfen.

In diesen beiden Männern hat der Leser die ersten Verleger Orlando di Lasso's kennen gelernt. Zu ihnen tritt noch Gardano in Venedig; als wohnhaft mit Orlando am gleichen Ort, denen der 25jährige junge Meister vielleicht selbst die Werke in's Haus trug, sind uns indes die beiden Antwerpener zunächst von weit höherem Interesse. 1555 erscheint bei Susato Lasso's Sammelbuch sowohl mit französischem Titel: *Le quatorzieme livre* . . . *contenant dix huyct Chansons Italiennes, Six Chansons Françoises et six Motets faictz (à la nouvelle composition d'aulcuns d'Italie)* als mit italienischem: *»Il primo libro dove si contengono«* etc. (Eitner, Lassoverzeichnis 1555[a]). Zugleich aber druckt im selben Jahre Latio, d. h. Waelrant & Laet[1], genau dasselbe Werk mit italienischem Titel. Wie sich die beiden Leute mit ihren Privilegien auseinandersetzten, wollen wir ihnen überlassen. Jedenfalls ist das Factum — falls Goovaerts[2] sich nicht irrt — ein Beweis, dass man sogleich auf Lasso große Hoffnungen setzte, da Latio seinem Collegen den Verlag nicht allein überlassen wollte.

1556 aber erschienen bei Latio Orlando's erste 5 und 6 stimm. Motetten, wie wir wissen dem Bischof von Arras A. Perenot, später Kardinal Granvella[3] gewidmet (Eitner 1556).

In wieweit unser junger Künstler mit seinen Verlegern freilich in ein mehr oder weniger nahes Verhältnis trat, lässt sich mangels von Briefen etc. nicht constatiren. Der Werke, die später noch von ihm bei den Genannten erschienen, sind nur drei. (Susato 1564, Laet 1566). Im Hinblick auf Waelrant, den Erfinder der Bobisation mag aber erinnert werden, was Lasso in späterer Zeit Zacconi, dem Verfasser der *»Prattica di musica«* erzählte, nämlich, dass Don Anselmo Fiamengo, einer der Sänger seiner Kapelle, den guidonischen 6 Silben *»si«* und *»ho«* hinzugefügt habe, um die Mutirung zu beseitigen[4]:

---

[1] *»Cet imprimeur (Laet) publia plusieurs ouvrages de musique avec son nom seul«* Goovaerts a. a. O. S. 42.

[2] Denn nur er verzeichnet a. a. O. diese Ausgabe.

[3] Granvella, geb. 1517 zu Besançon, wurde 1540 Bischof von Arras, 1550 Staatssecretär des Kaisers an seines Vaters Stelle, unter Philipp II. Staatsrath, 1559 Minister der Margarethe von Parma. 1564 abberufen, lebte er in Besançon mit Künstlern und Gelehrten. Später wurde er Vicekönig von Neapel, Staatsrath von Madrid etc. Herr Canonicus H. Calluaud in Arras hatte die Güte, im bischöfl. Archiv daselbst nach etwaigen Dokumenten Lasso's Verhältnis zu Granvella betreffend zu forschen, leider ohne Erfolg, da 1793 das Archiv bei der Revolution übel mitgenommen wurde. Von Besançon, wo bekanntlich Granvella's Papiere liegen, habe ich auf Anfragen keine Antwort erhalten.

[4] Also ganz dasselbe was Waelrant wollte, nur mit anderen Namen, si für

doch habe er sich lächerlich ausgenommen, wenn derselbe nach seiner neuen Art solfeggirte und plötzlich das *si* und *ho* laut wurde[1].

Lasso war demnach ein Gegner dieser »Mauerbrecher in die Wand der alten Theorie« und mag sich mit Waelrant tüchtig um das neue System gestritten haben.

Die Vorrede des mehrerwähnten gemischten Werkes von 4stimmigen Madrigalen, Villanellen etc. ist datirt vom 13. Mai 1555. Das erste Buch der fünfstimmigen bei Gardano in Venedig 1555 erschienenen Madrigale trägt kein detaillirteres Datum, kann also wohl vor seinem vierstimmigen Collegen erschienen sein. Eitner hat es auch in seinem Verzeichnis vorangestellt. Leider hat dies Werk keine Vorrede. Der heiklen Stelle im Dedicationsbrief vom 13. Mai »*in Anversa dopo la tornata mia di Roma*« haben wir wiederholt gedacht. Im übrigen geht aus letzterem hervor, dass Sor Stefano unseren Künstler drängte, diese Compositionen zu veröffentlichen; Lasso nennt ihn nun einen Mann, der im Gegensatz zu dem allgemeinen Antwerpener Geschmack von der Musik verlange, dass man sie leicht verstehe *fosse palese a tutti* und sie Jedermann gefalle (*a tutti piacesse*). (Das Übrige sind Complimente und Danksagungen.) Dieser Antwerpener Geschmack ist aber (*musica*) »*che qui se domanda osservata*« (sonst *musica reservata* genannt S. 56 Anm. 2), also Musik, die wirklich das Wort wiedergiebt, Musik des gesteigerten Ausdrucks, der lebensvollen Vorführung des Inhalts vor den Hörer[2].

Das Interessante ist nun: einmal, dass Lasso einen Gegensatz ausspricht: *musica palese a tutti* und *musica osservata;* sodann dass

---

fa und ho für mi . Der dieser Dinge unkundige Leser findet eine präcise Erklärung unter Artikel »Solmisation« und »Bobisation« in dem trefflichen Musiklexikon von H. Riemann, 3. Aufl., Leipzig 1887.

[1] Zacconi *Prattica di musica* I, S. 10. (Ambros, Gesch. d. M., 2. Aufl. IV, S. 425.) »*aggiongendoui lui queste due sillabe si, hò alle scale di vt re mi fa sol la, volea che si solfeggiasse come hò detto fino all' Ottaua, senza mai farsi mutatione alcuna: e ch' era ridicolosa cosa in sentirlo à solfeggiare vn canto con le sudette due dittioni agionte di si ho*«. Was Zacconi S. 13 erzählt, beleuchten wir später.

[2] Eine andere Erklärung von *osservata* ist wohl nicht möglich. Anfänglich war ich der Meinung, die Stelle habe den Sinn: In Antwerpen will man im Allgemeinen Musikstücke für sich allein haben (deren Genuss man niemand Anderem gönnt), S[or]. Stefano aber sei der Ansicht, Musik müsse Gemeingut sein und sich jedermann daran erfreuen können; hierzu will aber keine der Erklärungen passen, die das *Vocabulario degli Accademici della Crusca* (Venet. 1741) von *osservare* giebt.

er, sonst der Meister der *musica reservata*, seine Musik hier für *musica palese a tutti* hält. Bei den sechs Villanellen des Werks kann man ihm da jedenfalls zustimmen; bei den Chansons und Madrigalen nur mit Vorbehalt. Nicht aber bei den Motetten, wenigstens sicherlich nicht bei *Audi dulcis amica* und dem hochmerkwürdigen *Alma nemes*, dem chromatischsten Stück der 5 Nummern »*a la nouvelle composition d'aulcuns d'Italie*«.

Die an Granvella gerichtete Vorrede des *1mo libro de motetti a 5 & 6 voc.* Anversa 1556 nennt den Bischof »*mio unico patron*« und spricht von ausgezeichneten Gunstbezeugungen, die Lasso täglich von ihm empfange. Schade dass über das Verhältnis des jungen Meisters zu einer so bedeutenden Persönlichkeit in dieser wirkungsschweren Epoche der Weltgeschichte weiteres nicht zu ermitteln war. Orlando's Art große Herrn zu behandeln zeigt sich aber schon hier fertig ausgebildet. Er bittet Granvella, beim Anhören der Motetten den Text der ersten derselben zu lesen, welche zu des Gönner's Ruhm componirt sei. Es heißt nun daselbst:

Delitiae phoebi, musarum pulcher alumne u. s. f.
Musarum famulum ne despice, sustine lassum.

Diese scherzhafte Verwendung seines Namens ist nicht die einzige Orlando's, er hat sie hundertfach angebracht. (Schon 1555 z. B. »*Hor qui son lasso*« Madrigal 5 voc. Nr. 6.) — Schließlich sei in Granvella's Sammlung noch die Lobmotette auf Karl V. namhaft gemacht (*Heroum soboles* 6 voc.).

Es ist hier natürlich nicht unsere Aufgabe, einen ausführlichen musikalischen und sonstigen Commentar der genannten Werke zu geben. Nur einige Punkte müssen noch hervorgehoben werden.

Orlando's 4 stimmige Motetten haben dem Autor die Vermuthung Burney's eingetragen, dass vielleicht ihm und nicht Cyprian de Rore das Verdienst von Erstanwendung der Chromatik gebühre. Diese Frage untersucht Winterfeld in seinem »Johannes Gabrieli und sein Zeitalter«[1], wie er auch in dem gleichen Werke[2] eingehend die frühere Chromatik überhaupt in's Auge fasst. Ich verweise somit auf diese Arbeit.

---

[1] I, S. 116 ff. Auf Lasso's muthmaßlichen Zusammenhang mit V. Ruffo haben wir bereits S. 84 verwiesen. Auf Ruffo passte auch besser die Bezeichnung »*aulcuns d' Italie*« als auf Rore, dessen durch sein Dienstverhältnis zu Ferrara von Winterfeld motivirte Italienerschaft ich etwas künstlich finde. Was ich aber vom ersten Buch 4 st. Madrigale Ruffo's in Partitur gebracht habe, stimmt schlecht zur Bezeichnung »*cromatici*« und ist jedenfalls gegenüber den dis und ais Rore's und Lasso's nicht von Belang.

[2] II, S. 74 ff.

Sodann knüpft sich an die Motette *Gustate et videte* (No. 11) von 1556 eine allbekannte Geschichte, entstammend der Beschreibung einer Frohnleichnamsprocession von 1580 durch den Licentiaten Müller, Lasso's Freund und *persona gratissima* bei Wilhelm V.[1] Westenrieder, Beiträge Bd. V hat aus dieser Beschreibung umfangreiche Auszüge mitgetheilt; wir geben die auf *Gustate et videte* bezügliche Stelle nach dem Original (S. 111 ff.) nochmals wieder: .... welches dan alles mit Ir Frl. Drl. Capellmaister Hern Orlando di Lasso mues abgehandelt werden, welcher one das schon waiß wie er sich in allem verhalten, vnd alßhalt man von der Kirchen ausget vnd er mit seiner Cantorei, gleich schier zu den Frl. personen khombt die *Muteten*, *Gustate et videte quā suauis sit Dominus* zusingen anfangen soll, darauf dann gemainelichen durch den Segen Gottes die Sonnen anhebt hell zescheinen, welches etlichmal augenscheinlich gemerkht vnd gesehen worden, wie dann einmal Ao. 84 wie der Bischoff von Aichstet alhie gewesen, vnd man bey S. Peter ausgangen, Ist gleich im anzug zu morgen vmb .4. Uhr ein geling wetter entstanden donnert vnd gehimleyt vnd zway Wetter zusamen gangen, auch dermassen zu regnen angefangen, das alle personen der Figurn[2] eilents in die heuser vnd Kirchen vntersteen vnd der Klaider verschonen müssen, Ist also yederman der mainung gewesen, man werde von den vngewitters wegen den Vmbgang bis auf einen and(er)n schönen tag einstellen, Als haben die Fürsten personen etlichmal auf S. Peters Thurn sehen lassen, wie sich das wetter anlasse, ob demselben zuuertrauen, oder nit, aber alzeit durch die Thurner herab entboten w(or)den, dem wetter sey khaines wegs zuuertrauen, Es geen wider auf der andern seitten zway neue schwarze gewilkh vnd wetter auf, Also seyen die Firstenpersonen lang im Zweifl gestanden, ob man ausgeen soll oder nit. Nun haben Ir. Frl. Durchl. mich zum Stuel in der Kirchen hinzue gefordert vnd angefragt, was ich v(er)main das zethun sey, darauf Ich vnd(er)thenigist geantwort, es wurde do es regnen solte grossen merkhlichen schaden bringen, aber dieweil der welcher das wetter machen vnd aufhalten khönde selbst mitgetragen, vnd Ime alls dem Allmechtigen Gott dise ehr gescheche, So vermainte Ich es wer demselben billich zuuertrauen, gefiel Ime dise andacht vnd Ererzaigung so wurde er den regen schon aufhallten. wo nit So wurde er auch ein andermal regnen lassen, Ich mainte man soll vort geen, darauf Ir. Frl: Durchl: genedigist geanntwortt, Sy

---

[1] Münchener Hof- und Staatsbibl. cod. germ. 1907. Müller wie seine Beschreibung werden uns noch weiter zu beschäftigen haben.

[2] Vergl. Trautmann, a. a. O., S. 209 und 277.

wellens gott in seinen göttlichen willen haimstellen vnd demselben billich vertraun, Ich soll nur anziehen lassen, Wie Ich nun mit meinen MitComissarien yederman in die ordnung angestellt hat es and(er)st nit gesehen, als wöll es alle augenplikh einen grossen plazregen thun, vnd etlichmal angehebt zu dropflen, Nun wie alle Ding in ordnung gewesen, bin Ich widervmb Zu Ir. Drl. geritten, in die Kirchen hinein gangen, vnd Ir Frl. Durchl. gehorsamist vermelt alle sachen seyen schon in guetter ordnung, Ir Frl. Durchl. sollen nur in gottes Namen das Hochwirdige Sacrament lassen bis Zu der Kirchthir anziechen, vnd allda bis die Clerisey mit Iren Kreuzen vnd Fanen auch die Brueerschafften füriber geen, alda verharren lassen, welches also geschechen, vnd die Fürstenpersonen alda . . . der ganzen Clerisey anzug vortziehen sehen welche zeit alweil der Himel gar Schwartz vnd trieb gewesen, vnd wie gleich das hochwirdig Sacrament durch die Kirchthür heraustragen wiert, vnd Herr Orlandt das gesang *Gustate et videte*, anhebt, so hebt die Sonnen dermassen an S. Petersthurm an zescheinen, das Ich vor lautter freiden aus der ordnung trit, vnd zu Ir. Frl. Durchl. hinzuegee, vnd zaig derselben, wie die Sonnen an die thürn scheint, vnd sag mit disen worten zu Ir. Frl. Durchl. *Gustate et videte quam suauis sit Dñs oĩbus timentibus eũ et confidentibus ei*, welches Ir. Frl. Durchl. mit freuden angehert, auch mir darauf genedigist geantwort, freilich, freilich. Ist auch also. die ganze *procession* mit schöner Sonnen, vnd doch einem feinen Küelen lufftlen gar glickhlich vnd schön außgangen vnd vmb die ganze Statt herum, auch wid(er)umb menigelich one schaden zu hauß khomen, alsbalt aber die *procession* firiber gewesen, hat sich ein solcher Jamerlicher plazreng erhebt, alls der mit schapfen guß also das man vermaint es well ein wolkhenbruch khomen, daraus die Allmechtigkhait gottes, vnd die wahre presents des zarten fronleichnams *Jesu Christi* vnd das dise schuldige ererzaigung vnd aller personen einhellige andacht gott dem Allmechtigen wolgefellig gewesen, leichtlich hat khönden abgenomen vnd verstanden werden mögen, Welches nit allain damals, sonder auch etlichmal vnterschidlicher weiß, Sonderlich aber heur auch genuegsam hat khönnden gemerkht werden, dann man heur augenscheinlich gesehen, das der ganze Himel auf etlichen vnd vil meil wegs mit regen vmbzogen gewesen, auch ausser der Statt vberal greulich geregnet aber durch den Segen gottes vnd froмer leith treuherzigen gebett solcher regen *miraculosé* durch einen Sanfften windt Ist aufgehalten, vnd leztlich gar veriagt, also das Sy yedermenigelich von Herzen darüber verwundert vnd es fir ain *miraculũ* vnd sondere gnad gottes gehalten worden, wie denn auch; vnan-

8

gesehen das es am anziechen zimblich getrepflet, vnd einen zimlichen
grossen windt gehebt. Also das es alle alter vnd Teppich fanen vnd
andere sachen fast durcheinander gewet, weder an Klaidern oder
ainigen andern sachen khain schaden: Sonder do etwas genezt
worden, mer aus Vnfleiß der Personen die Inen nit aufgehebt geschechen, vnd is also etlich mal auch Inn werunder Procession,
obseruiert worden, wan der Herr Orland vnd die frl. Cantorei diß
gesang *Gustate et videte* zu singen angefangen, das allemal die
Sunnen mer vnd schöner alls zuuor geschinen, welches die Fürsten
personen selbst gemerkht, vnd etlich mal einen Camerdiener oder
laggei zu mir geschikht, vnd sagen lassen, Ich soll aufs *Gustate et
videte* merkhen, vnd den Himel ansehen, welches Ich auch hierinnen
billich Gott vnd der ansechlichen procession zu lob vnd dem herrlichen wol componierten lieblichen gesang zu Eren melden wellen . . .—

Über das Wesen des Madrigals endlich wie der Motette und des
Chanson besitzt die Kunstgeschichte bereits treffliches Material[1], an
dem die außerchromatische Besonderheit von Orlando's Motetten und
Madrigalen der vorliegenden Werke geprüft werden kann. Anders
steht es mit der Villanelle. Wir haben zwar Definitionen derselben
von Zarlino, wie erwähnt, von Praetorius, Kiesewetter, Ambros u. A.,
dieselben scheinen aber nicht erschöpfend, und sogar im Widerspruch mit der Villanelle Lasso's. Wir wollen deshalb angesichts
der Stücke fraglicher Gattung, die unser Meister 1555 veröffentlicht
(in moderner Partitur abgedruckt bei Maldeghem Trésor B, 1874
1. Lief.) und der, wie erwähnt, zwar erst 1581 veröffentlichten, höchst
wahrscheinlich aber theilweise bereits in Neapel geschaffenen Villanellen diesem Gegenstand, soweit es das uns bis jetzt verfügbare Material
gestattet, etwas näher auf den Leib zu rücken versuchen. Ausführlicher über die Villanelle mit Berücksichtigung besonders ihres Zusammenhangs mit der Frottole, sodann der Rhythmik bezw. des ital.
Verses u. s. f. zu handeln muss sich der Autor auf eine andere
Gelegenheit versparen.

Prätorius sagt im 3. Theil seines Syntagma (1619 S. 20):
»Villanellen haben den Namen à *Villa*, das ist ein Dorff vnd *Villano*,
ein Bawer: Item *Villanello*, dass *diminutivum*, welchs so viel ist
als *subructicus*; Jnde *Villanella*, Ein Bawrliedlein, welche die Bawren
vnd gemeine Handwerksleute singen: daher dann auch die Componisten offt mit sonderm fleiß ein 4. oder 5. Quinten, gleichwol aber

---

[1] Zu »Motette« s. Ambros III, 2. Aufl., S. 47 ff., Chanson ebenda S. 56 ff.
zu »Madrigal« vergl. die treffliche Schrift von Wagner, P., Palestrina und das
Madrigal, Lpz. 1891 und Schwarz', R., grundlegende Arbeit über die Frottole
i. d. Vierteljschr. f. M. 1887.

gar selten hinter einander her setzen, *contra regulas Musicorum*:
Gleich wie die Bawren nach der Kunst nicht singen, sondern nach
dem es ihnen einfellet: Vnd ist ein Bäwrisch Music zu einer Bäwrischen Matery. Etliche solche Gesänger werden auch genennet
Vilotta, Vilatella, dadurch sonsten ein klein Dörflein verstanden
wird . . . .

Ambros definirt die Villoten und Villanellen als »kurze mehrstimmige Gesänge im Volktone mit der Melodie in der Ober-
stimme« . . . Diese standen der Kunstpoesie, der Kunstmusik als ein
Einfacheres, Bequemeres, Behaglicheres, als willkommener, erheitern-
der Contrast gegenüber . . .[1]

In der Villote kommt dagegen das Liedmäßige, der Strophen-
gesang sehr entschieden zur Geltung . . . . —[2]

Hiemit mag Ambros haben andeuten wollen, was das eigentliche
Charakteristikon der Villanelle ist, die Repetition. Deutlich genug hat er es aber nicht ausgesprochen. Die falschen Fortschrei-
tungen und der eigengeartete Charakter der Texte, letzterer aber
durchaus nicht stets Prätorius' Definition entsprechend (S. auch
S. 89, Anm. 1), sind nicht die Hauptmerkmale, denn sie finden sich
nicht so nahezu durchweg den Stückchen eigenthümlich, als eben
das genannte Princip.

In den ältesten bekannten Villanellen, denen von 1537 (in der
großherzogl. Bibliothek Wolfenbüttel, Vogels wolfenbütteler Cat. 917
und 918), spricht sich dasselbe nach den mir zugänglichen Stich-
proben *Fatti li fatti* und *Quanti Turchi* mehr oder weniger aus, d. h.
im ersten vollständig (Anfang; freie Gruppe; wiederholte Gruppe;
Anfang und das Ganze wiederholt), im zweiten nur verschleiert an
einer Stelle.

Vergleicht man aber eine größere Anzahl Villanellen aus den
Federn Cimello's, Joan Domenico's de Nola, Fontana's, Willaert's,
Donato's, Scandello's, Marenzio's, Regnart's, Ferretti's, Lasso's, Primavera's u. A., so fällt zunächst ein Unterschied zwischen der dreistimmigen und mehr als dreistimmigen Villanelle auf; schon äußer-
lich, indem in einer großen Anzahl dreistimmiger Werkchen
der Druck direkt mit Repetitionszeichen durchsetzt ist.

Hiebei ist die einfachste Form der dreistimmigen Villanelle folgende:

> *Non e dolor nel mondo*
> *Ne nel più oscur' abisso e piu profondo:*‖:
> *Par à quel d'un meschin seruo d'amore*
> *Ch' in alta donna habbia locato il core:*‖:,

---

[1] III, 2. Aufl.. S. 491.
[2] Ebenda S. 495.

nämlich die Nebeneinanderstellung zweier Tongruppen, deren jede wiederholt wird. Da die Wiederholung auf ganz gleiche Textworte erfolgt, ergiebt sich, dass dieselbe ihren Ursprung lediglich einem musikalischen Bedürfnis verdankt.

Eine Erweiterung erfährt dies Schema durch Einfügung eines dritten, eines Mittelgliedes, das mit und ohne Wiederholung auftritt; es entstehen also drei Tongruppen ——————:‖: ——————:‖: — —— -:‖: und ——————:‖: [——————] ——————:‖:

Dies ist z. B. die Form der dreistimmigen Villanellen in allen 5 Büchern Marenzio's (vierstimmig ist überhaupt nur eine Nummer des 5. Buchs), ebenso bei Primavera, bei Regnard, wo z. B. No. 1—44 alle drei Theile, 45—67 den ersten und dritten Theil wiederholen, bei Nola, Trombetti, Zappasorgo u. s. f.

In der vierstimmigen Villanelle findet sich in der Notirung die Repetition etwas seltener; in Wirklichkeit ist sie aber auch meist vorhanden; so gleichfalls bei Nola, sodann z. B. in Willaert's Libro. I Ven. 1545 bei No. 1, 2 und 3 (1 wiederholt den ersten und letzten Theil, 2 und 3 alle Theile), in Donato's Libro I. 1551 bei No. 1, Scandello Libro I No. 10 und 11. Endlich auch in Villamellen mit noch mehr Stimmen, z. B. Ferretti's Canzoni alla Napolitana à 5 v. Vinegia 1574. Nicht vorhanden habe ich das Princip nur bei Allessandro Romano's Libro primo von 1562 gefunden.

Die musikalische Erfindung war bei einer so ausgeprägten Schablone leicht zu bestreiten. Es mag deshalb die Meister gereizt haben, über die gewöhnliche Fabrikarbeit, zu der sich die Composition der Stücke ausbilden musste, hinwegzukommen. Schon die Nichtwiederholung des Mitteltheiles bildet dazu den Anfang. Es wurden Texte gewählt, die eine im Verhältnis zu den wiederholten Theilen bedeutende Ausgestaltung des unwiederholten erforderten (siehe z. B. die beträchtlich ausgesponnene Mittelgruppe von No. 2 und 3 in Donato's Libro I). Damit nicht genug variirte man das ganze Schema: man schuf vier Gruppen, wiederholte da und dort, unterließ es am Anfang oder Ende um es in der Mitte zu thun, fügte Gruppen mit Taktwechsel ein u. dergl., derselbe Process *mutatis mutandis*, der sich später mit der (classischen) Sonatenform vollzieht, wie überhaupt die Villanelle einen wunderbaren Einblick in das Wesen der akkordlichen Kunst gewährt, die vom ersten Anfang an im Gegensatz zur contrapunktischen nach architektonischer Gliederung der Tongruppen, nach Form verlangt.

Was die Quinten betrifft, durch welche die Componisten ihrer »Bäwrischen Materj« den Charakter einer »Bäurischen Music« ver-

leihen wollten, muss ich constatiren, dass ich dieselben nur in dreistimmigen Stücken gefunden habe, hier aber thatsächlich auch bei
den besten Componisten [1] (so z. B. bei Marenzio Libro II. No. 3, III.
No. 3, IV. No. 10, V. No. 3; Primavera Libro VI. No. 1, VII. No. 2,
VIII. No. 1 u. s. f. und stets zwischen den äußeren Stimmen), nie
dagegen in vier- und mehrstimmigen Werkchen. Geister allerersten
Ranges scheinen sich dem Quintenbedürfnis dadurch entzogen zu haben,
dass sie keine dreistimmigen Villanellen verfassten; so Willaert und
Lasso. Als Begründer der ganzen Kunstweise [2] kann Meister
Adrian nicht angesehen werden angesichts der Neapeler Sammlungen
von 1537 und der jener Gegend entsprossenen Componisten Cimello,
Nola, Fontana, die im gleichen Jahre mit Willaert, 1545 bereits
Villanellen veröffentlichten. Wohl aber hat der große Meister die
volkstümlichen Kinder des Südens aufgegriffen und musikalisch zuerst salonfähig gemacht, in seiner Weise; dabei von Lasso vielleicht
gefolgt, vielleicht auch selbständig begleitet.

Lasso's Villanelle, um endlich auf unsern Hauptgegenstand zu
kommen, weist bei den vierstimmigen Nummern die einfache Form
auf mit Ausgestaltungen nach allen Richtungen, die von einem
erstaunlichen Forminstinct des Meisters Zeugnis geben. Neben
der schlichten Nebeneinanderstellung dreier Tongruppen mit Wiederholung der ersten und dritten, manchmal auch zweiten Gruppe
(No. 1—7 des Werks von 1555, No. 1, 2, 8, 14 der 1581 gedruckten
Jugendarbeit) finden sich von einfacheren Variationen (1581 No. 3
und 5, je viertheilig, nur der 2. Theil unwiederholt) an sehr reichhaltige
Bildungen vor (wie z. B. No. 13, das sich in 3 Gruppen zerlegen
lässt, von denen nach einer langen ersten die 2.—5. je zweimal, die
6. gar dreimal, die 7., 9., 10., 12. und 13. zweimal, mit den längeren
anderen durchsetzt, wiederholt werden); oder wir treffen gar (in No. 6
desselben Werks) eine Wiederholung im modernen Sinn, nämlich
eines Mittelgliedes als Schluss und noch dazu mit einem Gange:

---

[1] Auf die bei Regnart enthaltenen machte Eitner (Monatsh. XII, S. 95) aufmerksam.
[2] Siehe Ambros, 2. Auflage III, S. 526.

oder finden den Gipfelpunkt von Gestaltungsreichthum, wie er in der köstlichen No. 12 von 1581, dem in den Büchern berühmten aber im Musik-Leben noch viel zu wenig bekannten Landknechtständchen[1] zu Tage tritt, wo der Componist unerschöpflich in der Erfindung neuer, stets in den Refrain

verlaufender Tongruppen ist — ein Stückchen Filigranarbeit eines großen Meisters, wie es nicht reizvoller gedacht werden kann. In den fünf- und mehrstimmigen Nummern der Gattung weist Lasso wohl Wiederholungen von Complexen auf, aber seltener und theils mit Austausch der Stimmen (was z. B. zuerst der erste Sopran gebracht hatte, trägt nun der zweite vor und dergl., was zuerst die Oberstimmen, bringen dann tiefere oder der Austausch vollzieht sich im Frag- und Antwortspiel getrennter Chöre), wie sich naturgemäß diese Stücke mehr der contrapunktischen Gestaltungsweise nähern, wohl auch später und nach stärkerer Einwirkung der Venetianer entstanden sein mögen, als die Neapels Boden entwachsenen Pflänzchen. —

Es ist kein Zweifel, dass Orlando der Qualität und Quantität seiner innerhalb eines Zeitraums von weniger als zwei Jahren erschienenen nahezu 100 Tonsätze das Renommé verdankte, welches ihn für den Werber des bayerischen Herzogs als eine thunlichst herbeizuführende »Acquisition« erscheinen ließ. Dazu mag noch seine Persönlichkeit gekommen sein, von deren Witz und lustigen Possen man sich allerlei Kurzweil für die hohen Herrn versprach. Die äußeren Umstände seines Engagements vielleicht durch den »alten feinen Priester« haben wir bereits im ersten Capitel in's Auge gefasst, folgen also nun unserm jungen Meister nach der neuen Stätte seiner Wirksamkeit, der er 37 Jahre angehören, die

---

[1] Ambros III, S. 480. Der Originaltext *(»mi non esser poltron mi .... tutta notte«)* ist allerdings nicht für das Concertpublikum geeignet. Mit einer passenden Übertragung aber hat z. B. de Lange's Amsterdamer a capella-Chor auf seiner 1892er Reise zur Wiener Musikausstellung geradezu Triumphe gefeiert.

er wohl in verschiedenen Reisen vorübergehend, dauernd aber erst mit seinem Tode verlassen sollte. So hatte denn mit dem Antwerpener Aufenthalt die erste Periode im Leben Lasso's ihren Abschluss gefunden. Zu Vervollständigung ihrer Schilderung sind wir dem Leser noch den Verweis auf die stark entwickelte Instrumenten-Industrie Antwerpens zu Orlando's Zeit schuldig; hauptsächlich wurden Clavicorde und Clavecin's gebaut. Letzterer Zweig war bereits 1530 derart in Betrieb, dass man die neuhinzuziehenden Lautenmacher ganz *generaliter* als *clavicordimaker* in den Bürgerlisten verzeichnete. Im Mittelpunkt der verfertigenden Meister steht der ehrwürdige Jossé Carest, dessen schon 1519 und noch 1557 Erwähnung geschieht. Ein Lautenmacher der fraglichen Zeit war Simon Moyns, ein Orgelbauer Hans Bos[1].

In politischer Beziehung wissen wir Lasso zu Antwerpen in einer Stadt, in der er die zu Neapel gemachten Erfahrungen vervollständigen konnte. Zwar hatte die Inquisition ihren Einzug noch nicht in der Markgrafschaft gehalten und ein Edikt Karls V. von 1550 wurde mit Rücksicht auf den blühenden Handel milde gehandhabt[2], indem man den Fremden erließ, Beweise ihrer Strenggläubigkeit zu geben. Die Angst vor der fürchterlichen Institution aber beherrschte mitten in dem regen Treiben des Reichthums und Luxus alle Gemüther. Dass mit gutem Grund, haben die folgenden Jahre bewiesen; Lasso's Protektor Granvella aber war es, der Margarete von Parma noch besonders in die verhängnisvolle Bahn hineindrängte.

---

[1] Man vergleiche den vortrefflichen Aufsatz de Burbure's, *Recherches sur les facteurs de clavecins et les luthiers d'Anvers, depuis le seizième jusqu'au dixneuvième siècle. Bulletins de l'Académie Royale de Belgique* 1863, S. 348 ff.

[2] Gens, E., a. a. O. S. 415. — Schiller, Geschichte des Abfalls der vereinigten Niederlande. Wke. Bd. 4, S. 253 (Stuttg. Cotta 1877). Wie leicht man schon vorher Gefahr laufen konnte, für einen Religionsfeind, etwa Wiedertäufer angesehen zu werden, beweist das interessante Leumundszeugnis für Tilman Susato, das Goovaerts a. a. O. S. 30 mittheilt.

Druckfehler-Verbesserung

zu

Sandberger, Beiträge zur Geschichte der bayerischen Hofkapelle unter Orlando di Lasso. I. Buch.

Seite 6 Zeile 28 lies 1475

„ 9 „ 6 „ 1460

„ 9 „ 7 „ 1463

„ 11 „ 10 „ 1472

„ 12 „ 3 „ 1470

„ 27 Anm. Zeile 4 lies „siehe S. 31"

„ 62 „ 1 lies 1620

„ 65 Zeile 18 lies 1795

„ 73 wolle Anm. 1 beseitigt werden, da von einer Reproduktion des Sadeler'schen Stichs abgesehen wurde.

www.ingramcontent.com/pod-product-compliance
Lightning Source LLC
Chambersburg PA
CBHW021134020726
47500CB00003B/1068